大樂文化

北一女、建中學長姊是如何考上？

國中生

子彈筆記 考試法 圖解

——【暢銷紀念版】

學霸校長教你只要100天，讓各科滿分的K書技巧！

謝龍卿◎著

CONTENTS

書讀不好怎麼辦？
「八先過海讀書趣」很有效 *014*

第 一 彈

快：「學霸筆記與記憶術」幫你快速記憶，治好考試失憶症 *062*

CONTENTS

推薦序一

校長的智慧與方法，
讓你學得好、學得會

數學魔術暢銷作家 莊惟棟

筆記，最重要的目的是省時好記，在摸索中的亂記、慢記、不記，結果就是放棄。這本書是由龍卿學長彙整創編「省時好記」的絕學，將學霸的苦練、甚至是天賦，在瞬間給大眾醍醐灌頂的傳授。

本書的內容，起於「SMART」抓重點，承於「八先智慧」、「送七力」導引內在動機，轉於「SQ4R」閱讀策略，合於天下武功唯速不破的「子彈筆記」。這四大策略任何一個抽離出來，盡是浩瀚學問，而作者原創的八先智慧，更是學習中最難教的無上秘笈。

當我看到書中內容時，第一句話沒有恭維、沒有祝福、沒有註解，而是由衷兩個字：「謝謝」！因為這本書不只是方法策略的精髓，更是由心出發的諄諄教誨，將成為一部學習經典，可以帶給學生、師長、父母莫大助益。能推薦這本好書，實榮幸樂意之至！

推薦序二

一本最具素養導向的學習聖經

台北市立建國高級中學校長 徐建國

　　108課綱是近年教育改革的最大工程，也是台灣培養國際競爭人才的教育關鍵。隨之而來，111年素養導向教育會考「生活情境化題型」的改變趨勢，確實令許多教師、父母與即將應考的學子摸不著頭緒。

　　欣見龍卿校長在公忙之餘，仍心心念念學子的學習成效，本書中從讀書方法、筆記訣竅，到會考的準備技巧，既詳細有料又極具參考價值，值得各位老師選為學習策略用書，或是青少年寒暑假增廣閱讀視野的參考書目，也適合所有家長用來學習引導孩子讀書輕鬆有效的方法，增進親子關係。

　　當然，最重要的是未來要準備考試的各位同學，更不能錯過這一本可以陪伴你度過青春年少的學習聖經。

　　在台灣的教育現場，龍卿校長願意貢獻所學與經驗，寫書與人分享，且內容生花妙筆、豐富益善，誠屬難得。真心推薦這本好書！

推薦序三

學校沒教卻很重要的學習寶典

台中市立新國中校長　張嘉亨

　　龍卿校長是我多年的好友，我們同年紀，但無論吉他的學習、在職進修或校長之路，他一直都是我的師父偶像與榜樣。

　　靈活、幽默、熱情、有智慧，是我對龍卿的深刻印象。他從小博學強記，最大的缺點就是幾乎沒有缺點。30年與他一起彈吉他表演的日子常點滴在心，沒想到他竟然要出書啦！而且是一本有關「素養導向教育會考準備之道」的書，這是近年新課綱實施後大家最關心的課題。

　　瀏覽全書之後，發現這是一本好書，含括學習的正確態度與方法、筆記的策略與撇步，以及許多學校沒教卻很重要的讀書考試絕招。

　　就像30年前我發現龍卿校長是個好人、好老師，現在是個好校長一樣，我一定要跟大家推薦我發現的這本學習寶典！

前言

整套的子彈筆記考試法，讓你滿級分不是夢

　　當你翻開本書時，你我在這裡相遇，雖然互不相識，但你的學習熱情正是驅動我寫此書的動力。這本書的一切，都是為了此時此刻助你「考學亮眼」的一臂之力。

　　3年前，在我任職的霧峰國中，有一位應屆畢業生蔡○絜，是創校50年來第一位在教育會考榮獲「滿級分」的人。我特地贈送自己的新書，期許她未來能再創巔峰、更上層樓。

　　這位蔡同學不但書讀得好，而且是管樂團的成員，樂器功力一把罩，作文、運動等都有相當高的水準，在學校的各類比賽中也是出類拔萃。她從來沒有補習，也不是把時間都用於念書的書呆子，讀書與考試對她來說似乎沒有太大的壓力。

　　經過長期觀察，我發現這樣的學生有一個共通點，那就是**找到最適合自己的讀書與考試方法，並從中獲得極高的成就感**。找到方法之後，便能達到令人嚮往的境界——快樂地讀書考試，輕鬆地取得高分。

 ## 我為何要寫此書？

　　在台灣，求學階段的學生最苦惱的事，就是如何把書讀好，並且拿到高分。大部分學生只能在龐雜的學科資料中翻滾，用時間與毅力克服學習上的困難，即使成效不錯，通常要經歷熬夜、睡不飽的體力考驗，付出極大的代價。相較之下，平常讀書與考試都能順心如意的人被稱為「學霸」。

　　其實，讀書與考試是有方法的，但學校老師礙於教學進度，根本沒時間教這些撇步，加上家長忙於工作，沒有受過「學習策略」的專業訓練，因此無法幫助孩子進行有效的學習。

　　於是，書讀得好、考試成績很棒的同學散發輕鬆得意的光彩，肯定很令人羨慕！不過說實話，你也做得到。我撰寫本書的最大動機，就是希望分享自身經驗，讓同學、家長、老師或關心學習成效的人，都有機會提升自己或是幫助別人成功。

　給自己得勝的機會

　　為何在課程、教材，甚至讀書時間都相同的情況下，最後的結果會有所不同？我想問題出在學習者的身上，相信你也同意這一點。

　　根據我在教育界30年的經驗，考進理想學校的學生，智商不一定非常突出，而他們能在考試分數上高人一等，原因除了努力之外，主要是學習得法，也就是說具備讀書方法與考試技巧絕對是關鍵。

　　就像在一百公尺比賽中，懂得賽前暖身、穿上輕盈合腳的球鞋、保持重心往前、最後衝刺壓線的選手，得勝機率會比只是使勁往前衝的選手高得多。

　　因此，學會讀書方法與考試技巧，就能在課業上游刃有餘且出類拔萃，甚至成為學業與課外活動兼顧的高手，享受同學羨慕的眼神與歡呼的掌聲。

　　在掌握讀書與考試的正確方法之後，可以跟許多榜首一樣，把讀書與考試當做個人事業去經營，透過不斷努力，提升實力和信心，創造出屬於自己的優秀品牌。

　如果你是國中同學

　　那就太棒了，**這本書的主角就是你，你的獨一無二值得被期待**。對於本書提到的讀書方法與考試技巧，你可以現學現賣，立刻體驗自己進步的喜悅。我建議你先看第三彈「會考攻略法」，這叫「知彼」，以了解各科會考在考些什麼、重點在哪裡，以及如何做好準備。

　　你心裡有底之後，再讀起步篇的「八先過海讀書趣」，學習學校沒有教的讀書策略，找到適合自己的讀書方法，這叫「知己」。最後，從第一彈「學霸筆記與記憶術」與第二彈「考前整合搶分術」，練習在考場中百戰百勝的技巧。

 ## 如果你是學生家長

　　敬佩你，關心孩子學習的家長最有心。**孩子在求學的路上最需要親人陪伴，尤其是有學習經驗的長者。**你的角色不只是孩子的活字典，更應該是孩子學習的發電機。

　　如果孩子在學習上遇到問題，要和他討論問題所在與解決方法。起步篇提供「SMART理論」、「八先過海讀書趣」、「蠶食螺旋法」等讀書妙招，但是孩子畢竟還小，而且當局者迷，若你先學會這些方法，然後從旁輔導，他的讀書效果必定會更好。

　　此外，第二彈提供許多準備考試時的生活規劃，包括心理建設、良好作息、均衡營養、睡眠充足，這些生活習慣的養成，需要親人的協助與守護才能達成。

 ## 如果你是學校老師

　　拜託你，**將正確的考試策略教給學生。老師的責任除了經師、人師之外，還要擔任「考學師」**，指導學生如何考出所學、考取學校，這是教育工作者經常忽略的事。

　　本書可以做為「學習策略」這門課的教材，排入各校的「彈性學習課程」當中，讓學生知道學習的方法，並實際運

用在各科上，最後一考即中，獲得「素養導向學習」的成功
經驗。

 ## 如果你是路人

　　沒關係，即便你已不是學生，但是**學習的技巧在各行各
業都需要**。尤其遇到工作困境、生活瓶頸，或是被疫情打亂
步調時，**復原自己的最佳方式就是充實學習、提升自我，然
後等待良機。**

　　有位從事領隊導遊業的讀者朋友，看了我的書後有所啟
發，決定投入觀光行政類國家考試。我傳授他本書第一彈的
「一本五種筆記術」，以及許多超強的記憶奇招，助他榮登
金榜。我始終相信，只要堅持不斷學習，奇蹟同樣會發生在
你身上。

起步

書讀不好怎麼辦？
「八先過海讀書趣」
很有效

1 書讀不好，未必因為不努力

在本書的第一個部分，我要跟大家談如何讀書，特別加入學校沒有教的「學習策略」，讓你在考場上無往不利、萬夫莫敵！

讀書和追求異性一樣，想成功要懂方法。我舉個現在年輕人撩妹常見的例子給大家看看。

男生：「你不覺得今天風很大嗎？」

女生：「哪會？」

男生：「哪裡不會，我的心都吹到你那裡了！」

這個男生說的話聽起來很噁心，但確實容易說進女生的心坎裡。讀書的原理也是如此，但我不是要你想一些噁心巴拉的對話，而是要想怎樣才可以**讓學習內容進入你的心裡，記在你的腦裡。**

讀書方法的好壞確實會影響讀書效果。這幾年，我在學校特別推廣「讀書與考試策略」，主要是因為看到許多學生因為學習不得法，導致努力讀書也無法獲得該有的成效，十分可惜。根據我多年的經驗，**書讀不好，未必因為不努力，大部分都是方法不對。**

相信各位都學過「象限」的概念，如圖1。如果把「努

力」與「方法」當做X軸與Y軸，那麼很努力又有方法的人將在第一象限，程度會最好，而不夠努力又用錯方法的人在第三象限，程度想當然是最差。那些懂方法卻不夠努力的人（在第四象限），或是很努力卻不懂方法的人（在第二象限），成績都不盡理想。

你可以檢視自己在哪一個象限。本書的目的是讓你逐漸往第一象限靠攏，朝著最佳的東北方高速奔去。

這10多年，我有機會在大學兼課教書，好幾次遇到過去在其他國中擔任校長時的學生，他們的大學生活似乎相當如意，成績也相當優異。下課閒聊後才知道，以前我在學校創設「學生讀書會」時，教導的一門課「讀書方法與考試技巧」，讓他們至今仍受用無窮。

▶▶ 圖1　努力與方法構成學習結果四象限

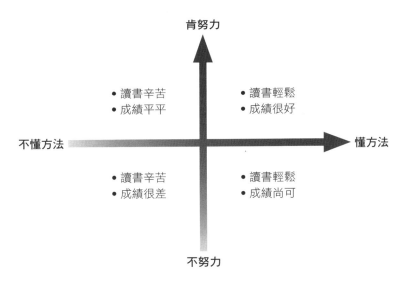

當年我教導這門課，其實是為了補足各科老師很想教、但沒時間教的學習策略。我很願意把這些讀書經驗與考試技巧寫下來，跟更多的讀者分享。這些讀書與考試策略都是我親自實踐過，或是其他學生驗證過，例如：前言中提到的「滿級分」蔡同學。

這些方法不是作弊，我不會教你用不正當的手段達成目的。這些方法是撇步，是讓你可以宛如子彈一樣，更快速、更準確達到目標的絕招。雖然欲練神功，不必自宮，但首先必須屏除雜念、相信自己。

2 「四它法」幫你放下顧慮，與雜念共處

　　民國85年，在我任教的西苑高級中學（註：設有國中部、高中部及國中補校），有一位天才型學生倪○然，上課永遠坐在第一排，從頭到尾一直盯著我看。別人是認真看著黑板，他卻認真看著我，他這樣上課的方式很特別，我從來沒見過，所以至今過了30年，我還是印象深刻。

　　他完全不寫作業，而且總是自信滿滿地說：「看完題目想一下就會了，幹嘛要寫！」他的成績不錯，但不夠穩定，經常一不小心就失常，掉到西苑高中的「百名榜」之外。當時西苑高中的百名榜，幾乎是考上台中一中或台中女中的保證，因此競爭激烈。

　　有一天，我發現倪同學上課不再專心看著我，而且眼眶含淚。我根據自身的專業敏感度，知道他肯定出事了。下課後，我把他找到辦公室，但我還沒開口，他就哭個不停，眼淚如同水龍頭打開一樣關不住。

　　他情緒平復後告訴我，這次很認真準備，卻考得很差，對不起媽媽。原來，他父親早年過世，生前的願望是希望他能認真念書，考上好學校，而母親替人縫補衣裳維生，養大他和妹妹。

　　我詢問後才知道，倪同學不是不寫作業，而是希望把課

本和講義留給妹妹,讓母親不用再花錢。原來他顧慮那麼多,真是令人揪心的孩子。

了解他的困難之後,我告訴他為家裡著想是對的,但是顧慮太多反而會產生無形的壓力,現在既然已經覺察到,這個壓力的存在會影響考試表現,就要**勇敢地面對與接受它**(他願意讓我知道,就表示接受了),**想辦法處理,讓它產生正面的念書能量**,等到考上理想的學校後,自然可以放下。

我為倪同學準備一整套各科的講義,但他堅持不要,直到我說:「當做是我借你的,將來賺錢後再還我」,他才勉強收下。之後,他不但按時寫作業,還超前學習,國中三年級就已自修學完高一課程,最後順利考上台中一中。

你有沒有像倪〇然這樣的同學、朋友或家人呢?或許你自己就是如此,求學期間不僅背負家裡的期待,還要避免成績退步。

同時,也一定有不少同學經歷過考前擔心、考試緊張、考後後悔的日子。考前總是擔心:已浪費太多時間,書一定讀不完;自己不夠用功,一定考不好;自己程度不佳,就算努力也考不上等等。這些想法都是青春的印記,我也有過這樣的時光。

這些顧慮與雜念大部分都是負面想法,會消耗你讀書的正能量,還會讓你在考試時產生緊張情緒,導致考完後更後悔自己表現不佳。

在開始練習我下面提出的好方法之前,你要先**展現高級的心理機能與素質,嘗試與雜念和諧共處**。至於該如何與雜念共處,你可以運用以下說明的「四它法」:

1.面對它：不要逃避已產生的雜念，要勇敢面對它，並和平相處。

2.接受它：告訴自己雜念也是自身的一部分，它沒有好壞之別。

3.處理它：認識雜念，並將它轉化、緩解，昇華成正面心態。

4.放下它：既然雜念已經消除，就要跟它道別，並放下牽掛。

接下來，我舉例說明，大家小時候都曾經做錯事，當時肯定會產生罪惡感與壓力，這就是你要面對的雜念。

那麼，該怎麼面對呢？我認為需要的是勇氣，問題在於怎麼鼓起勇氣。我建議你可以請幾個好朋友提供意見，藉由大家的鼓勵來提升自己的勇氣，或者換位思考、以對方的角度出發，也會有不同的觀點。當你做到這些時，必定也能成功面對與接受自己的雜念。

3 相信自己能做到，就能通往成功

　　你拋開雜念後，下一步是相信自己。我有位優秀的學生講過一句話：「永遠要相信自己身上擁有無限的潛能，當你真正相信自己可以做得更好，就一定可以不斷進步。」

　　我們曾聽到老一輩的人說：「信念決定成敗。」心理學家亞伯特・班杜拉（Albert Bandura）也說過：「成功不一定是自我信念很高的緣故，但失敗必然是自我信念太低所導致。」可見得，**相信自己能做到的信念，跟實力一樣重要。**

　　10多年前，高中聯考制度是採行基測的方式，當時在我任職的崇德國中，有一位學生平日很用功卻成績中等，他母親對此感到很擔心，於是到學校求助，希望我可以拉她兒子一把。我聽完這位母親敘述兒子的學習狀況後，當下找來這位學生並說道：「讀書跟打球一樣，不能只單靠蠻力，還要有方法！」之後，他每天放學後都會留在校長室半小時，由我陪同念書。

　　起初，這位學生一直對自己沒信心，深怕無法好好使用我教的方法。我鼓勵他盡力嘗試，反正都必須念書，大不了只是成績沒有進步，完全沒有損失。於是，他聽從我的建議，改變讀書方法，開始規劃進度，按部就班、紮紮實實地前行，結果他的模擬考全校排名整整進步23名。這樣的方法

實行半年後，他可以自己讀書，不用再到我的辦公室。

　　基測結束之後，這位學生竟然考上台中一中，還跟媽媽到校長辦公室將成績單交給我看：總分為292分（當年滿分是312分，台中一中的錄取分數是289分）。這簡直讓人難以置信，他原本只屬於中等程度（我們初次見面時，他的模擬考成績只有235分），可能連台中區的第七志願都考不上。他可以有這麼大的進步幅度，除了因為自身很用功之外，最重要的原因是用對方法，並且充滿信心，相信自己能做到。

　　那麼，怎樣才能提高自我信念，相信自己可以做到？以下提出4種方法供你參考：

　　1. 看到自己的長處：了解自己的個性，培養好性格，並試著多參與各類團康活動，積極地發覺自己的優點與長處。你以這些優點與長處為榮，自然會喜歡自己、更有自信。例如：雖然你的成績不是班上前幾名，但你在各類活動中發覺自己樂於助人，那麼你將來學到讀書與考試的好方法之後，把這些方法教給落後的同學去幫助他們，自然會在過程中得到更多自信。

　　2. 不要被別人看低：可以跟其他人比較，但不要總是活在別人的陰影裡，更不要輕易被別人看低或打倒，因為那種挫折感很難受。學習他人的長處與改善自己的短處，一直都是成功的不二法門，等到時機成熟時，證明自己不是魯蛇，可以做得比別人更好。例如：別人認為你考不上明星學校，你就要向不可能挑戰，努力學習讀書與考試方法，把不可能變成可能。千萬別把「不可能」掛在嘴上，因為讓事情變成不可能的是人，不是事情本身。

3.將目標逐步細分：只要將目標細分，便能實現大夢想，這就是一步一步達到目標的「逐步養成法」。**劃分時，要細到連自己看了都會有信心：「只要稍微花點時間，我就能立刻完成！」**。例如：將考上第一志願的目標劃分成「**每次段考多對一題就好**」，只要每次多對一題，便能看見兩分的進步幅度，這樣自己較沒壓力，也較有信心做到。因此，「**將目標視覺化，讓進步看得見**」這樣的科學方法，可以讓你的內心更加強大。

4.永遠不要說放棄：就像舒米恩為電影《太陽的孩子》所寫的主題曲「不要放棄」的歌詞：「心在痛的時候，把手放在胸口。也許再前進，路會開，希望迎面而來！」對於你的目標，你永遠不知道它有多遠，或許再堅持一下、再前進一點，成功其實就近在咫尺。**哪怕可能失敗，也要給自己一個嘗試的機會**。如果永遠不嘗試，就永遠無法進步。所以，持續學習有效的方法，永遠不要放棄，到了驗收成果時，成功的人就會是你。

以上舉出兩個學生例子，他們改變讀書方法，化雜念為正念，並相信自己，最後都如願以償考上第一志願。

古人曾說：「臨淵羨魚，不如退而結網。」光羨慕別人是不夠的，心動不如馬上行動，成功才會屬於你。請跟著本書的方法與技巧，一步一腳印地努力實踐。我始終相信：「**夢想讓你我與眾不同，奮鬥讓你我改變命運！**」

4 善用「SMART理論」，快速找到書中重點

你小時候應該摺過紙飛機，加上受到「造飛機，造飛機，來到青草地……」的歌詞催化，覺得自己摺的紙飛機飛上天空，是一件超有成就感的事。

長大後進入國中，你開始懂得改善機翼的長寬比例，讓飛機飛得更穩更遠。這就是學習的優點，讓你懂得的事物越來越多，越來越有能力追求自己的興趣，滿足好奇心。

讀書與考試的最高指導原則是策略，不知道方法而死記硬背，甚至盲目找許多難題來練習，只會擾亂軍心，是讀書的下下策。在此分享一個關於讀書的「SMART」理論，讓你可以聰明有智慧，找到書中的顏如玉。

Specific（具體）

要有**具體的目標**。不論為了讀書考試或是成就事業，要先建立願景、目標和具體做法。

王國維在《人間詞話》中說道：「古今之成大事業、大學問者，必須經過三種境界。」第一境界就是「昨夜西風凋碧樹，獨上高樓，望盡天涯路」，登高樓可以望遠，做學問成大事業的人首先要有明確目標與方向。

　　所以，讀書的目的為何？是安身立命、成就事業，還是單純希望考上理想學校，必須事先界定清楚。舉例來說，先設定細小的進步，像是在下次段考，數學科多對一題；接著在下學期，每科都進步一題；然後在每次模擬考，每科都拿A以上；最後在教育會考，成績至少三科A＋與兩科A以上。根據這樣的方法，每次都有具體的成長目標，並分段進行，比較容易達成。

 ## Method（方法）

　　要有讀書策略。在確定讀書目標之後，要將時間和心思都用於鑽研學問，**找出各科的學習重點與考試精要**，直到「衣帶漸寬終不悔，為伊消得人憔悴」。

　　這是指讀書需要下苦功，並且信念堅定不移、持之以恆、無怨無悔地讀下去，也就是王國維所說的「做學問成大事的第二境界」。例如：每年教育會考的自然科當中，理化部分占分將近一半，其中pH值和莫耳濃度的換算是出題率100％，還有各單元實驗也是每年必考的重點，所以要把策略重心放在對的位置上。

　　其他各科的準備方法也是一樣，掌握考試重點，才能用最少的精力，獲取最大的收穫。

 ## Attainable（可實現性）

　　這些讀書策略與方法，**要真的可以提升讀書效果**，而不是單純告訴自己「只要再認真一點，再多讀一點書就好」這

類的空話。換句話說，必須有實際且有效的方法。例如：學習快速記憶法，利用諧音、圖像、聯想、組織、心像法去記憶，才能提升專注力和閱讀理解能力。

 # Reliability（可信賴性）

　　這就是我們常說的「信度」。讀書策略與方法**要具有可靠性**，而且用在大部分學生的身上都會有效。例如：尋找各科考試高手或學校老師，為你指導正確讀書方法，或者你閱讀的書有名人推薦。

　　根據國外研究指出，在中小學生當中，有29％是視覺型學習者，34％是聽覺型，37％是動覺型學習者，所以必須了解自己是屬於哪一類型的學習者。對於不同的學習風格（Learning Style），有不同的學習策略，詳述如下：

　　1.視覺型的學習者：必須有圖像、表格、顏色的刺激，才有助於學習。例如：將學習內容圖像化，把密密麻麻的文字轉化為對照圖表、流程圖表等；自己做出有文字和圖表的筆記，或用不同顏色的筆標示重點；運用有單字及圖片的「單字卡」背單字；使用圖片、地圖及圖表來整理與比較各科重點，這些方法都能提高記憶與學習效果。

　　2.聽覺型的學習者：多聽、多說對你助益甚大。例如：大聲朗讀學習內容，或是進行小組討論、問答遊戲、發表學習；讀書環境必須安靜，因為雜音容易造成分心。背英文單字可以融入歌曲音樂或節奏；對於國文與社會較需要記憶的科目，可以透過自行錄音，反覆播放聆聽，加強記憶。

3.動覺型的學習者：要透過肢體動作來學習，用手觸摸、動手操作、邊學邊做，簡直就是越動越專注，越動越學得好。例如：用角色扮演的對話、戲劇、舞蹈、相聲、偶戲等，揣摩國文或英語科的學習內容；透過實際接觸、操作教具或實驗流程，理解數學、自然科的概念和原理。

Test-bounding（與考試連結）

讀書策略與方法必須與考試內容有關，並且與考試結果互相連結。如同王國維說的第三境界：「眾裡尋他千百度，驀然回首，那人卻在，燈火闌珊處」，下足功夫，反覆探索研究，自然可以表現在考試場上。

用對技巧努力讀書的結果，不但能有心得與發現，連考試成績也會亮麗輝煌。例如：你苦讀的教科書要與你上學或課綱的內容息息相關，不能過度艱深難懂或離題，這樣你的方法才派得上用場，考試才能完整映照出你的實力。

為了透過考試增進實力，並且不再懼怕考試，以下這些方法很有效：

● **1.訂正錯誤，改變態度：**

在教育會考榮獲滿級分的蔡〇絜認為，要把考試當做鍛鍊自己的機會，會考實力的養成是無數小考與段考的淬鍊。實力就像健康狀況，在每次段考後，你都要評估實力，了解問題所在並調整策略，於是你的會考實力自然會更健康。

她也提醒學弟妹：「第100次失敗的門後就是成功。」把這句話當成座右銘，改變自己的學習態度，每次都完整執

行「實力增進流程」，從預習、學習、複習、考試到訂正，最終可以實現上榜的宏願。

● 2. 化敵為友，實現自我：

　　當你改變心態不再害怕考試，而是把它當成朋友，作為一股自我鞭策的力量，你將會不同凡響。還記得我從小到大參加任何考試，總是異常興奮，就像奧運拳擊手揮汗努力一千多個日子，終於可以在今天證明自己。因此，你要把每次考試當做更一上層樓的舞台，一直超越最好的自己。尤其考試面前人人平等，如果你和我一樣是來自鄉下的窮孩子，就只有靠考試，才有機會與其他人一較長短。

● 3. 參加檢定，不斷進化：

　　透過檢定與競賽，證明自己的學科功力，增加自信心，更能厚植未來會考的實力。以數學科來說，有國際奧林匹亞數學競賽、AMC數學能力檢定、台灣中小學數學能力檢定（TMT）、台灣區國中數學競賽（JHMC）等。以英語來說，國外最常見的是多益（TOEIC）、托福（TOEFL）、雅思（IELTS），而國內的全民英檢（GEPT）適合國中生升學加分使用。

　　還有其他科目的競賽，例如：由交通大學主辦的APX全國高中自然與數學能力檢定，施測對象為全國公私立國中、高中、高職學生；國際國中科學奧林匹亞（IJSO）；國際高中奧林匹亞物理、化學、生物、地科、資訊、地理等科目的競賽（國中生也可以報名參加）。

5 「八先過海讀書趣」，能提升學習動力

各位同學讀書時，要深刻反思學習的意義，以及為誰而學？是不是為自己？如果答案是肯定的，就不能坐而言、被動等待貴人來幫忙，應該要起而行，自動自發地學習讀書與考試的訣竅，畢竟貴人不好找，找自己最好。

因此，我介紹8個方法，告訴大家如何不依靠補習班、家教的輔助，而是透過自己的力量提升學習動機，把書讀好、分數考高。我將這8個方法稱為「八先過海讀書趣」。

第一先：錯中求勝法

第一個先是**先主動嘗試錯誤，再尋求解決方案**。「怕做錯而不敢做」是人類的天性，但是不做就不知道問題出在哪裡，而且時間久了，會養成被動學習的壞習慣。

想成為自己的貴人，第一步就是主動嘗試、不怕錯誤，畢竟錯誤也是一種學習。 在嘗試的過程中，為自己的勇於犯錯喝采，因為不怕犯錯且勇於修正，才會離成功更近。

例如：有些同學在學習時，總是認為自己不會讀書，覺得浪費時間與金錢，害怕沒有成效，於是不想讀書。有了被動的想法，久而久之便養成不讀書的習慣。

第二先：內在動機發電法

第二個先是**先激發內在動機，再強化挫折復原**。人人都有求知的本能，這種本能在心理學上叫做「內在動機」，也就是自己的好奇心和熱情被激發，從學習中找到樂趣。

即使有時出錯沒考好、成績不理想也無所謂，因為你知道自己要的是讀通、弄懂時的滿足與喜悅。這種求知欲被滿足的幸福感，是考試受挫時的最佳復原劑。因此，轉化情緒也是學習中很重要的一環。如果現在成績不理想，請不要氣餒，從失敗中站起來後，往往更加屹立不搖。

舉例來說，國小時，我經常用早餐的大餅，教班上同學「分數的基本性質」。我把大餅切成8等份，然後請他們分別拿走1/2、2/4、4/8，結果他們感到好奇：這三個竟然一樣多。我問他們：「這三個分數的分子和分母都不同，為什麼大小一樣呢？」同學紛紛舉手搶答，這就是好奇心與內在學習動機被我觸發了。

很多方法都能激發內在學習動機，以下提供4種：

● 1. 享受過程比結果重要

許多同學因為過度在意考試結果，而名落孫山。有些時候，人生根本無法規劃，努力做好現在的學習任務，並且享受它，會比結果如何還要更重要。

不少同學喜歡問：「老師！這個會不會考？」只讀考試要考的內容，或許在考試上最有效率，但長期來說，一旦養成讀書只是為了應付考試的態度，恐怕容易在考完試後失去學習動力。

當然，讀書的目的就是為了考試，沒有人反對這種想法。不過，要常常樂在其中，因為解出想了一星期的數學題而雀躍不已，或者因為學到「字首字根背誦法」，輕鬆背英文單字而滿懷成就。如此一來，讀書的內在動機才會強烈。

● 2. 增加愉悅的情緒反應

讀書的過程產生的愉悅感，通常是一種正向的情緒反應。這跟吃美食、穿新衣、看到帥哥美女、拿到喜歡的物品時一樣，可以激發大腦分泌多巴胺。這種愉悅的感覺會讓身體產生神奇的力量，體驗舒暢開懷的快感，並且能活躍學習神經，促進記憶與理解的能力。

● 3. 教導別人產生愉悅迴路

正向心理學與認知神經科學有一種「愉悅迴路」的說法，認為一個人如果能從學習中獲得快感，便會對學習上癮。羅家倫曾說：「發表是吸收的利器。」這句話的意思是「你越教人，自己越懂！」教導他人可以讓你更熟練學習內容，也能幫助別人體會上述愉悅的感覺。

● 4. 與他人分享學習喜悅

每個人從小都喜歡告訴別人自己知道的事，因為用自己的能力幫助別人或服務群體，會產生一種無法衡量的深度喜悅。班上的學科小老師會越學越好，原因在於他經常教別人解決學科上的問題。很多時候，這種喜悅不是來自別人肯定，而是自我滿足，這就是一種內在動機。

第三先：內在歸因法

第三個先是**先用內在歸因，再散發正向能量**。每次考試後，你會聽到很多聲音，有的人說：「這次成績好，是因為我非常努力」，有的人說：「這次成績差，純屬運氣不好」等等。這種把學習結果歸咎於某些原因所造成，就是「成敗歸因」。

唯有把成功歸因於自己的能力和努力，把失敗歸因於努力不夠，才能產生更高的學習動機。尤其，千萬不能把失敗歸因於自己的天賦差，認為無論自己多麼努力，也不可能取得成功，於是逃避努力、放棄學習，結果成績一落千丈。

想要正確且積極樂觀地進行「學習歸因」，可以用以下2個方法：

1. 用內在歸因產生學習動力：自己的能力、努力等，都是內在歸因，而運氣、天氣、環境、題目難度等，則是外在歸因。把成功歸因於能力，讓自己有成就感；把失敗歸因於努力，才會產生學習動力。排除外在歸因之後，努力才會顯得有價值。

2. 換位思考，思考題目因果：讀書與考試時，不能鑽牛角尖。越是想不透、搞不懂的題目，你越是要暫時抽身、換位思考，從出題老師的角度思考，為何要考這個題目或觀念。有因才有果，從果反推因，往往很快就能找到破解密碼。

第四先：優先順序法＋讀書七力

第四個先是**先學會判斷優先順序**。例如：「今天《神魔之塔》的地獄級出來啦，可是明天要考默寫。」哎呀，怎麼辦才好？到底該讀書，還是先打電動再說？這樣的場景應該也曾在你身上出現，你會如何選擇？

我告訴各位一個叫做「優先順序ABC」的方法，如表1，它可以幫助你判斷做事的優先順序。如果不懂得判斷優先順序，即使擁有很厲害的讀書功力，成績也會大起大落。

▶▶ **表1　優先順序ABC**

優先順序等級	重要性/急迫性	如何處理
A（高優先）	急迫	設定完成日期與時間
B（中優先）	重要	不設定完成日期與時間
C（低優先）	不急迫不重要	不設定完成日期與時間

用前面的例子來練習看看。《神魔之塔》的地獄級對我來說很重要，但如果今天不打電玩，明天或以後還是可以打，所以屬於「不急迫但重要」的B級（中優先）。

考默寫對我來說也很重要，但如果考差了，就不能再打電玩，而且明天就要考試，所以屬於「急迫且重要」的A級（高優先）。如此一來，你就知道該如何選擇。

接著，什麼是「讀書七力」？該如何培養？是不是沒有學好讀書七力，就會變成讀書淒慘？我逐一介紹如下：

1.專注力：專注在每個學科的重點，用最少的時間得到最大的效果。

2.學習力：記憶策略、論辯技巧、擷取方法，以及應用能力。

3.理解力：邊讀邊想，邊讀邊問自己，以加強理解，達到深度閱讀。

4.判斷力：統整比較概念，分析資訊圖表，摘要文本內容。

5.計劃力：設定考試目標，評估自己能力，擬訂短期、中期、長期計劃。

6.執行力：排除困難，找回時間，創造環境，並徹底執行。

7.圖解力：用圖解方式整理資訊，用圖表顏色做筆記，以活化右腦，短時間內掌握書中重點。

 ## 第五先：回饋激勵法

第五個先是**先及時自我回饋，再激勵學習**。自我回饋是給自己讚賞和獎勵。當表現達到目標時，要給自己鼓勵。

透過結果表現的回饋，既可以了解自己的特點，也可以看到自己的進步，激起更上層樓的願望，進而提高自我評價與學習的積極性。例如：小考90分以上，就大吃一餐；段考進步一名，就放假一天。每次嘗試新的小挑戰後，若是達成就立即獎勵自己，更容易累積成就感。

達成的目標不同，獎勵的方法也不同，就是最佳的自我獎勵。以我自己來說，身邊有些小物品是給自己的獎勵品。

例如：之前學校只要一得到「教育部校園美感環境再造全國優等獎」，我就會買1把吉他，現在已經有12把吉他，天天抱著它的感覺真好。

獎勵自己的方式與物品要量力而為，只要有小確幸就好，像是一件衣服、一支冰淇淋、一塊蛋糕、心儀的小錢包等等。重點是要常常得到，因此不要一次得要等一年，而且獎品價值不能過高，否則持續進步的動力不會長久。

雖然外在獎勵有助於激勵自己，但我相信內在動機的養成才是永遠的學習動力。

 ## 第六先：心理調適法

第六個先是**先不要自我設限，再與人合作競爭**。許多同學總是等到交作業前一天才動筆，或是考試前一天才熬夜讀書。有些同學會以時間不夠、事情太多等，作為自己考不好的藉口。總之，考試成績不佳，絕不是因為自己的能力不如人，而是因為運氣不好、題目太難或心情不佳等外在因素，這種行為叫做「自我跛足」或「自我設限」。

為了避免自己不努力還找理由的行為，你可以這麼做：

1.降低自我意識，別在意別人的看法：將讀書學習視為自我成長的機會，而不是與他人比較成績。別過度在意其他人對自己表現的評價與看法。要切記：世界上沒有不被評論的事，沒有不被猜測的人。因此，不要太在乎別人的看法，要做最真實的自己。

2. 盡最大的努力，做最壞的打算：當努力讀書、準備考試時，必須先找出正確學習方式，激起學習動機，「抱最大希望，盡最大努力，做最壞打算，持最好心態，永遠正向積極」。這是一種防禦性的悲觀，可以有效地降低焦慮，並替未來做好萬全準備。

3. 與他人競爭，也找人合作：適當引入競爭與合作，有利於激發學習動機，並且促進學習。圖2學習金字塔的研究顯示，採取主動學習策略，例如：示範或展示、小組討論、實作演練、轉教別人或立即應用，可以讓知識的儲存率高達90%。

▶▶ **圖2　學習金字塔與學習的關係**

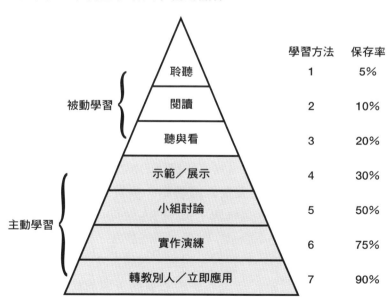

第七先：自我對話法

第七個先是**先進行自我對話，再帶著自己向前**。正面的自我對話可以激勵自己、減輕壓力、增強信心、幫助專注，以及提升生活品質。通往巔峰的道路從來都是荊棘密布，你可以用以下的方法與自己對話，而擁有更多正向能量。

1. 用第二人稱的正面話語鼓勵自己：當你最好的同學哭著說：「我怎麼這麼笨，什麼都做不好，考試也總是不及格」，你會怎麼安慰他？你是不是會說：「哎，你只是沒有掌握讀書的技巧。每個人都有自己的專長，就像你跑田徑，班上沒人跑得贏你！只要有不懂的地方都可以問我，讓我來教你，加油！」你既然會對自己的好同學這麼說，也可以對自己這麼說。

2. 勇敢說出心中願望，帶著自己往前走：檢視並思考一下你對待自己的方式，以及可能會有的情緒感受。當你與自己對話時，勇敢說出心中的願望：「我要努力學習讀書技巧，將來考上第一志願」，就可以推著自己離開舒適圈，嘗試自己沒做過的事情，帶領自己往前走。這是透過疼惜自我，接受完整的自己，真實喜愛自己的模樣。

3. 與自己對話，促使大腦轉動：事實上，不僅你喜歡偷懶，你的大腦也喜歡偷懶。我們的大腦有時會自動忽略不重要的事情，或者不願意主動接受新的觀念，這是因為大腦有「以不變應萬變」的習慣。因此，你讀書時要不斷與自己對話，問自己問題，強迫大腦思考答案，並說出來給自己聽。藉由不斷重複「問、思、答」的流程，可以促使大腦記

憶，避免大腦偷懶。

第八先：時間管理法

第八個先是**先找回流失的時間，再進行時間管理**。對於要讀書與考試的人來說，時間就是分數！因此，在忙碌的生活中，時間管理非常重要。

時間管理就是有效地運用時間，決定什麼事該做，什麼事不該做，並且減少時間浪費。想要管理讀書時間，可以遵循以下幾個方法：

● 1. 計算出各科的分數貢獻度

會考的每個科目都有它的考題重點。國文科與英語科沒有版本，根本是考閱讀理解能力。數學重視基本概念，以及生活情境的邏輯思考。自然重視探究與實驗能力。社會偏向社會議題與時事新聞。在後面的章節中，我會仔細探討每個科目的解題與答題技巧。

想算出各科的分數貢獻度，除了考量科目的考題重點，還要評估它是不是你的拿手科目，也就是在相同讀書時間內，你能增添多少分數。所以，各科的分數貢獻度，可以用「再增加的分數」除以「全部讀完一遍的所需時間」來計算。

在第40頁的表2中，我以有考試範圍的數學、自然、社會三科來舉例。結果算出社會科的分數貢獻度最高，自然科最低。你可以依照自己的情況進行計算，這樣最接近真實的自己。

▶▶ **表2　學科分數貢獻度舉例**

科目	拿手程度	全部讀完一遍花費的時間	可再增加的分數	分數貢獻度
數學	中等	150小時	15分	15/150（第二名）
自然	最拿手	120小時	10分	10/120（第三名）
社會	最弱	200小時	25分	25/200（第一名）

● 2. 找出讀書的黃金時間

讀書效率最好的時間就是黃金時間，每個人可能不同。對我來說，早上6點至7點是學生時期效率最高的時段，可以背出胡適的《差不多先生傳》、30個英文單字，或是解出10題數學難題。

黃金時間要優先用來讀分數貢獻度最高的科目。如果你可以找出更多時段，就能依照讀書效率的高低，安排分數貢獻度第二名、第三名的科目。

● 3. 找回不小心流失的時間

首先，計算一下你「沒有用在讀書的清醒時間」有多少？從週一至週五，假如你每天6點起床、11點睡覺，8小時上課，3小時自習，那麼每天沒有用在讀書的清醒時間就有6小時（24－7－8－3＝6），再扣除必定要用的吃飯、梳洗、上下學、午休等時間之後，大約還剩下2小時。

這2小時是你每天不小心流失的時間，連你都很難說出它到底用在哪裡。不過，若你好好把握這2小時，每週就多

出至少10小時，每個月便多出40小時可以念書。

如此一來，3年之內，你至少找回1,440小時（40×36＝1,440）可用於念書，這還不包括可以從週六、週日找出的時間。我想應該總共多出2,000小時。

● 4. 省下不應該浪費的時間

當接近考期時，你會發現還可以把某些過於浪費的時間也節省下來，用在複習上。例如：前面說的吃飯（三餐1.5小時）、梳洗（早晚各0.5小時）、上下學（1小時）、午休（半小時）等時間，我是以一般人的平均值來計算。

如果不動用吃飯和午休時間，從上下學1小時擠出0.5小時（在不影響安全的情況下），梳洗快一點省下0.5小時，那麼一週七天可以節省7小時，3年可以節省1,008小時（7×4×36＝1,008）。

你很可能會說這簡直是老調重彈，其實這只是我的經驗分享和建議。

你或許現在很想玩電動，但要想一想這對成長沒有幫助。如果你正要參加電競比賽，這就在優先順序中屬於急迫的A級。否則，等到會考金榜題名的暑假，再好好練功，便能體會「延遲享樂才是助你成熟長大」的真諦。

因此，你現在或許不喜歡讀書，但只要換個方式學習，善用「八先過海讀書趣」，即使臨時抱佛腳也沒關係，慢慢就能找到讀書的樂趣。

6 取「蠶食螺旋法」，克服難讀的教材

　　即使高手也需要正確且長期的練習，才能夠掌握某件事的要領。因此，厲害的學生一定是下足苦功、用對方法，才能勇冠三軍。

　　以前我們班上有一位跟我爭第一名的同學，他的社會科極強，我每次總分輸他，都是輸在社會科。有一次，我下定決心觀察他如何念社會科，並足足觀察一週，得到以下4個重點：

1. 他上課很專心（專心到根本不知道我在看他）。
2. 他上課時會寫筆記、畫圖表。
3. 當老師談論課外的東西，他就努力整理筆記，並一直往前翻，像是在比較過去相關的資料。
4. 考試前他會特別把筆記與課本對照著看。

　　上述4個重點，讓他的社會科模擬考從來沒低於130分（當時的高中聯考社會科滿分是140分），而我幾乎沒突破過120分，也就是說我們光是社會科便有10多分的差距。

　　於是，我開始運用他的方法讀社會科，尤其是專心聽講、做圖表與筆記，讓我受用無窮。在我學會這些方法後，他便很少超越我了。現在，我將這些讀書技巧分享給大家。

我們先巨觀再微觀，先從整體的讀書態度和做法說起，再進入各科讀書技巧。首先說明各科都可運用的讀書方法。

透過不斷演練，熟能生巧並創新

對於任何複雜的技術，唯有不斷演練才能熟能生巧。我年輕時曾是歌手，許多知道這件事的人會問我：「你一首歌彈唱好幾百遍了，難道不會感到無聊嗎？」我回應他們：「吃飯吃了幾十年，會覺得無聊嗎？」

就任何表演而言，熟能生巧是公認的唯一方法，但要體會其中道理則需要一輩子。在透過不斷演練讓自己熟能生巧後，接下來要積極創新。像我學習創作詞曲，是為了不讓自己永遠停留在模仿的階段。在創新上，可以透過了解學習對象，重新組合與改良他的方法，進而產生新的價值。

讀書也是如此，各個科目都要經過模仿與練習，產生概念連結和知識組合，才能對每個科目的學習掌握整體觀念，最後熟能生巧，創造出屬於自己的學識體系與價值。這是一種難能可貴的經驗。

蠶食鯨吞法加上螺旋迴圈法

難讀的教材往往是出題重心，也是鑑別度所在，千萬不能放棄。這時候你可以用「蠶食螺旋法」來對付難讀教材，這個方法是「蠶食鯨吞法」和「螺旋迴圈法」的合稱。

● 1. 逐步前進的「蠶食鯨吞法」

俗話說「蠶吃桑葉為吐絲」，而你現在必須「解答難題為考試」，兩者基本上殊途同歸。蠶食鯨吞法是一種分割法，是指將無法弄懂的單元切成多個概念，並分成多次解決，就像蠶寶寶漸進地吃桑葉一樣，比較能順利實現預定目標。有時候切成的概念很大，不易完全理解，就可以鯨吞。

這個方法是先掌握整體與全貌，再慢慢琢磨細節，對於閱讀長篇文章、快速掌握其整體概念，特別有效。

● 2. 爬高山的「螺旋迴圈法」：

你有沒有注意過車子走山路，都是慢慢繞圈、盤旋而上。相較於直行，繞圈的路線長、速度慢，但是坡度相對較小，上山的難度較低。面對困難的教材，降低學習難度是非常好用的學習方式。

簡單地說，螺旋迴圈法是使用蠶食鯨吞後剩下的困難教材，稍微放慢速度，一次仔細思考推敲一個概念。弄清楚概念後，再串聯起來思考整體脈絡，懂得越多就會爬得越高。這不但可以加強理解能力，也能正確解開困難教材的面貌。

7 實行「30分鐘交換法」，讓大腦效率100%

其實，我並非從小就擅長讀書與考試。我學習班上同學做筆記念社會科，也學習英文老師聽ICRT。雖然我至今仍聽不太懂ICRT在說什麼，但已學到許多西洋流行歌曲。

這開拓了我的視野與唱歌興趣，也讓英文功力增進不少。因此，我補充2個可應用於各科的學習方法：

● 向典範學習，跟高手做朋友

如果在你的周遭有厲害的高手，他們的讀書方法可以作為學習典範。你先鎖定比你好一點的同學，等到超越他之後，再找更高竿的人，一步一步向巔峰挑戰。

不過，高手有時候是吝嗇的，不一定會教你，你要想辦法觀察與模仿。你模仿高手的方法之後，不能永遠停留在這個階段，你應該透過積極的創新，讓方法更加爐火純青。

最好的情況是你變成別人眼中的高手。時間久了，你會發現真正的高手不是只有考試高分，還會散發出個人特質與自信，非常有魅力而且值得學習。

● 30分鐘交換法

大腦一直持續做同一件事情時，很容易產生疲乏。各位

應該有這種經驗：同一個科目讀太久，容易注意力渙散，造成知識在腦袋打結。因此，我在這分享自創的「30分鐘交換法」，這個方法我從學生時代一直用到現在。

我的書桌永遠都會擺著兩本書以上，30分鐘左右我會換一科讀，這種方式稱作「30分鐘交換法」，面對新的知識或是較難的內容，效果特別明顯。而且，30分鐘內要保持專注。不能讀太多頁，大概文科20頁、數理科10頁就相當厲害，甚至困難的單元讀5頁，做2、3個題目也可以。總之不要貪多，讀書不是看小說，囫圇吞棗是沒什麼效果的。

 ## 天才都是刻意重複練習

心理學家安德斯‧艾瑞克森（Anders Ericsson）根據30多年的研究發現：「找到天賦，不如找對方法！」天賦是指人類大腦和身體的適應力，每個人只要「刻意練習」，都能創造出從未擁有的能力，達到顛峰表現。因此，艾瑞克森在《刻意練習》中指出，天才與庸才之間的差別不在於基因或天分，而在於刻意練習。

馬雲曾說：「複雜的事情簡單做，你就是專家；簡單的事情重複做，你就是行家；重複的事情用心做，你就是贏家。」全球首屈一指的職涯教練蕭恩‧貝爾丁告訴我們，要專精一件事情沒有捷徑，就是靠重複做。

上述的方法可以讓複雜的學習內容簡單化，你只要用心地將簡單的概念與內容重複做，就能掌握各科的核心關鍵，戰勝各種難讀的教材，成為讀書贏家。

8 考前怎麼念書？ 邁向名校的高分計劃力

有人會說：「光是讀書，時間都不夠用了，還做計劃不是更浪費時間？」其實，人的大腦想像力無限，但是計劃力有限，所以最好不同科的考試與分量，對應進行不同的讀書計劃，並且詳細寫下來、照著做。

不論是什麼樣的考試計劃，都要保留彈性，不能把自己逼太緊，不然沒幾天就一直趕進度，想必也撐不了太久。

我建議的讀書計劃

讀書計劃有日計劃、週計劃、月計劃、年計劃，時間越長的越難擬訂，太短的沒意義，因此我比較推薦週計劃與改良版日計劃。

1.週計劃：當週做完當週進度即可，每天時間可以彈性安排，這樣比較沒壓力。如果哪一天無法完成進度，至少還有6天可以彌補回來。

2.改良版日計劃：每天都排進度，但每週空一天下來，做為彌補當週未完成進度的彈性日。

適合段考的「科目計劃法」

　　小考的範圍小、時間短，做讀書計劃的作用不大，因此我建議以一次段考的時間來做讀書計劃。段考的範圍大概是一個半月的學習量，課本頁數應該都在100頁以內，最適合運用科目計劃法。計劃重點如下：

　　1. 預計兩週衝刺期：為了準備段考，我建議用考前2週全力衝刺。其他的時間按照學校的進度，複習功課、完成作業，並準備每一次的小考即可。這些小考累積起來的實力，與段考結果的關係非常大。

　　2. 計算複習總時間：先將段考前2週，按照自己的日常作息，扣除寫作業的時間，計算出可以複習段考科目的總時間。前面我們計算過，每個人一天至少應有3小時可以複習功課。

　　3. 預留一天彈性期：2週的衝刺期不長，但是天有不測風雲，沒辦法保證每天的進度都能如期完成。因此，你要預留一天的彈性期，供你補足來不及完成的進度。這一天最好選擇「考前一天」，因為考前一天應該讓自己稍稍放鬆一些，別安排太緊的複習進度。

　　4. 分配每科幾小時：每天3小時，加上週休二日每天8小時，那麼段考衝刺期至少有60小時可用來複習。如果對每科同等重視，可以分配給5個考科，每科各12小時。

　　5. 時間單位是1小時：考前至少複習3遍，每科複習一遍用去4小時。因此，必須把每科的考試範圍分成4等份，讓每個等份可以在1小時內複習完。例如：國文段考範圍共4課

（L.1〜L.4），將國文分成4等份，剛好每1等份1課。複習1
課加上讀筆記、寫評量、檢討，必須在1小時內完成。

6. 隨時檢核複習進度：把每科1小時的複習範圍，依據
每天可讀的時間排到每日進度表中，然後按照進度表複習。
複習完就在「check」欄打勾，如第50頁的表3。

適合模擬考與會考的「日期計劃法」

模擬考的範圍少則一冊，多則與會考一樣，每科都要讀
幾百頁以上，最適合運用日期計劃法，其方法如下：

1. 會考衝刺10個月：如果太早衝刺會考，容易造成疲
乏，因此我建議從國二升國三的暑假開始，約有10個月的時
間。這時候，大部分的學校會提供複習講義，而且學生要開
始面對第一次模擬考，所以著手安排進度來複習和衝刺，是
相當適合的時機。

2. 按週填入週進度：10個月約有40週，將每科的會考
範圍大致按照模擬考的範圍，填入每週複習進度表。例如：
第52、53頁的表4，以準備110年的教育會考為例，整個暑假
預計複習各科1至4冊，而7月6日開始準備9月8日的第一次模
擬考（考1至2冊），第一週的各科進度寫在計劃中，然後按
日檢核執行紀錄。

3. 7天完成週進度：週進度分成7天完成，好處是減輕
每天的負擔，並且截長補短，保持時間運用的彈性。最後，
要每天檢核，養成按時確認是否完成計劃的習慣。

▶▶ 表3　段考的「科目計劃表」

國文		英語		數學		自然		社會		
check	範圍	check	範圍	check	範圍	check	範圍	check	範圍	
所需單位時間		所需單位時間		所需單位時間		所需單位時間		所需單位時間		總計
12小時		12小時		12小時		12小時		12小時		60小時

註：1.　單位時間以1小時可讀完的範圍來計算。

2.　白色區域為第一遍複習；淺灰色區域為第二遍複習；深灰色區域為第三遍複習。

讀書計劃注意事項

除了上述讀書計劃表的安排方法之外，還必須知道一些細節與注意事項：

1.計劃可行性：訂定讀書計劃的目標是讓你成為時間的主人，防止成為時間的奴隸。因此，計劃必須確實可行。

2.建立習慣：每天的讀書時間要固定，才能幫助你建立讀書習慣，用最有效率的方法，讓自己從容地準備大考。

3.一小時原則：讀書時段的安排，以1小時為間隔，最主要是怕時間太長容易疲乏，太短則尚未熱身。這跟前面提到的30分鐘交換法並沒有衝突，可以視教材的熟悉程度而彈性調整。

4.讀書彈性：30分鐘交換法用在新的知識或較難的內容上，效果比較明顯。至於複習，因為內容都已學過，將時間拉長為1小時複習一科也無妨。

5.貢獻度高為主：每個人的學習型態不同，但都應該安排黃金時段，複習分數貢獻度最高的科目。

6.適當休憩：各項活動的安排要適當平衡。除了讀書之外，還要允許自己有自由時間去運動及休閒。

7.預留彈性時間：訂定讀書計劃表時，要留下一些空白彈性時間，來因應突發事件。而且，要建立自我獎賞時間，若按時完成進度，可以自由半小時。

110教育會考衝刺鳴槍開跑讀書計劃表（倒數10個月）

目標：（1）暑假複習各科1～4冊一次
　　　（2）9/8（二）～9/9（三）第一次模擬考
　　　　　範圍1、2冊精讀（自然1、3冊）

	第一週進度	
國文	第一冊1～4課 語（一）、 第一冊5～8課 語（二）	預計進度
		執行進度
英語	第一冊 L1～L4	預計進度
		執行進度
數學	整數的運算、分數的運算、一元一次方程式	預計進度
		執行進度
自然	生物單元1 生命的共同性、 理化第1單元基本測量	預計進度
		執行進度
地理	複習講義單元1～2	預計進度
		執行進度
歷史	複習講義單元1～2	預計進度
		執行進度
公民	單元1 成長與家庭（P1-19）、 單元2 性別學習與社區（P23-35）	預計進度
		執行進度

7月6日	7月7日	7月8日	7月9日	7月10日	7月11日	7月12日
星期一	星期二	星期三	星期四	星期五	星期六	星期日

9 懂得「SQ4R」策略，一眼看穿文章精華

相信你們在閱讀書本之前，已遇過不少次不知道該怎麼閱讀的窘境吧。在此我介紹一種閱讀絕招，可以更容易掌握篇章內容要旨，幫助你找到書中精華。

我將這個絕招稱為SQ4R策略，SQ4R是指Survey（概覽）、Question（提問）、Read（閱讀）、Reflect（反思）、Recite（覆誦）和Review（複習）這六個階段。詳述如下：

● **Survey（概覽）**

閱讀書本時，先快速翻閱書本的前言、目錄、結論、索引，建立整體概念和方向感。閱讀文章時，先瀏覽文章的題目、標題、首尾兩段和插圖，可以對文章有初步的了解。

● **Question（提問）**

利用「七何法」（何人、何事、何時、何地、何物、為何及如何），問自己是否已經了解主題或是疑問，以便在仔細閱讀時有更明確的指引。

● **Read（閱讀）**

用心且仔細地閱讀，利用螢光筆標記文章重點、重要字句及主要概念，在旁邊附加註解和心得，並寫下大綱與重點摘錄，確保自己完全理解，且方便鞏固記憶和日後溫習。

● **Reflect（反思）**

整理新知識與舊知識，並反覆思考。如果有矛盾的地方，嘗試再次仔細閱讀，找出矛盾的原因並重新整合，以更加了解內容。

● **Recite（覆誦）**

選出重點複述，以加強印象，或者蓋上書本、遮住文章，用自己的話說出或寫出答案。如果忘記剛才閱讀的重點，可以參看大綱或是重新翻閱書本（文章）內容，直到能記憶內容為止。

● **Review（複習）**

最後重複看書本（文章）一遍，回想主要概念、複習關鍵字和重點字句，嘗試回憶內容概要，並將資料與既有知識相連結，以鞏固所學。如此一來，不但能融會貫通，更能舉一反三。

接下來，我從歷年教育會考的英語閱讀測驗當中，挑出最長的一篇閱讀測驗來舉例，如範例1，讓你了解如何運用SQ4R，快速掌握文章重點，並正確回答問題。

範例1

Jim Webb Oct. 16, 1987

Over the years,**the number of whales has dropped sharply**. From 1946 to 1986, about 340,000 whales were killed. People worry that children in the future can only see whales in pictures. They believe all kinds of whaling（whale hunting）should be stopped before it's too late.

Some people are trying to stop whaling all over the world. But they fail to notice one fact: Whaling was going on for a long time before the number of whales went down and became a problem.

Whaling started as early as 1,500 years ago. This was how tribespeople fed their families. They hunted whales for meat because almost nothing could grow on their land. They also made whale fat into oil and used it to make candles or oil lamps. Over the years, whaling became their way of living, and even part of who they are.

Tribe whaling is not the thing we should worry about. Of all the whales that were killed over the past forty years, only 10% were hunted by tribespeople. **The other 90% died at the hands of the money-making whaling business.** When we try to stop all kinds of whaling, we should think what we are asking tribespeople to give up and whether this is the best answer to the problem of whaling.

📖 tribe 部落　fat 脂肪

1. Below are the writer's points in the reading:

a. Whether we should stop tribespeople whaling

b. The problem of whaling

c. Whaling as a way of life

In what order does the writer talk about his points?

【107年教育會考英語閱讀第35題】

📖 order 順序

（A）a→c→b.　　（B）b→c→a.

（C）c→a→b.　　（D）c→b→a.

2. Which idea may the writer agree with?【107年教育會考英語閱讀第36題】

（A）We should stop all kinds of whale hunting.

（B）We should not worry about the number of whales.

（C）Tribespeople's way of living is as important as animal lives.

（D）Working with the whaling business can make tribespeople's lives better.

3. What can we learn from the reading?【107年教育會考英語閱讀第37題】

（A）Tribespeople believe whales bring good luck.

（B）Tribespeople become rich by selling whale oil.

（C）Whaling was not a problem until 1,500 years ago.

（D）Whaling helped tribespeople's lives in different ways.

答：35. 1B　36. 2C　37. 3D

（詳解請見別冊的範例解析1）

　　遇到這麼長的文章不要害怕，其中的單字幾乎都不會超過國中英文單字的範圍。只要懂得用SQ4R策略，就可以快速破解。

　　首先**Survey（概覽）**全文，英文作文的寫作習慣是把重點放在每段的第一、二句。因此，很快地從每段的前面兩句，抓到「粗黑」的四句重點。這些文字的意思大概是：鯨魚的數量急遽下降，有人極欲禁止捕鯨行為。1500年前開始的捕鯨行為，是部落人民為了養家活口，但是90％的鯨魚死在捕鯨公司的手上。

　　接著**Question（提問）**：本文的主旨是什麼？為何鯨魚快速減少？該如何做才能救牠們？

　　然後**Read（閱讀）**題目要問什麼？第一題問每段的大意，第二題問作者的立場，第三題問閱讀的心得。然後，回到文章再細看內容，特別注意三個題目所要的答案。例如：先看題目要問的關鍵字，再回頭看文章，可以節省看完文章後重新找單字的時間，也可以在看文章時**直接圈出關鍵字來**

幫助作答。

再進行**Reflect（反思）**。看完文章之後，大致上會知道：「捕鯨公司為了錢，殺了大量的鯨魚，必須禁止。部落人民以捕鯨為活，是萬不得已，在禁止前，更重要的是幫助他們另找謀生之路。」

最後，**Recite（覆誦）**和**Review（複習）**，其實在解題時可以不用這樣做。本題的SQ4R解題流程圖，如圖3，可以讓你更清楚SQ4R的運用。

▶▶ **圖3　SQ4R解題流程圖**

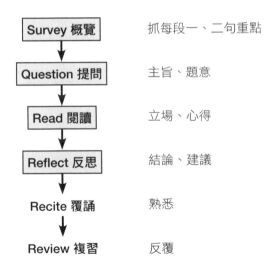

從上面SQ4R的運用可以發現，閱讀長篇文章需要技巧，絕不能從頭到尾逐字慢慢看，會耗費很多時間，卻抓不到文章重點。因此，碰到這種長篇大論的閱讀測驗（不限於

英語，每個科目都一樣），你可以這樣做：

1.先看題目重點關鍵字，再閱讀文章找答案：我們對於已知的範圍和目標會比較安心，因此先看題目考什麼，有個概略的方向，就可以放心回到文章去找答案。尤其先在文章中找到關鍵字，再從關鍵字的前後文找答案，是很好用的解題線索。

2. 徹底掌握每段前兩句與後兩句：英文作文習慣在頭兩句（topic sentence）破題，在最後兩句總結。用這個方法判斷題意，能提高答題率。

3. 用前後文猜出看不懂的關鍵字：如果不了解文章語意或是關鍵字時，可以從前後文尋找線索，推敲出關鍵字的意思。

4. 確實做考古題來熟悉題型，並反覆練習SQ4R：從會考的前幾週開始，密集練習歷屆試題以熟悉題目形式（國中教育會考官網有免費歷屆試題可下載），並且仿照實際考試時間作答，以便對考試有較準確的感覺。

5. 多元閱讀完整的英文文章，培養跨領域的英文語感：因應108課綱的「素養導向命題原則」，閱讀測驗的內容更加多元，例如：書信文、圖表文、找地圖、BBC新聞、外國文化等。雖然題材多元，但內文使用的單字與句型不難。平時要閱讀各種專業領域或是具故事性的完整文章，像是原文小說、英文報刊雜誌等，才能訓練閱讀理解力。

第1彈

快：「學霸筆記與記憶術」幫你快速記憶，治好考試失憶症

利用「超強筆記術」，抓住所有考點

在第一彈，我跟大家談談筆記與記憶，提出「一本五種筆記術」，以及許多超強的記憶奇招，讓你想忘記都難！

從書本中學到的內容是一種比較基本的資料或資訊，必須經過自己消化和整理，才能成為有系統的知識，而最有效的整理方式就是做筆記。

還記得小時候，我的筆記是搶手貨，班上同學都覺得看我的筆記比看課本有用，他們說考試重點都在裡面。其實沒那麼神，我只是不想看那麼多字，利用化繁為簡的功夫，把課本重點加以簡單化、圖表化而已。

我小時候想偷懶而不讀課本的小舉動，後來竟成為讀書利器，尤其我從化學轉讀教育，從理科殿堂跨入文科領域，這個舉動對我的學習發揮不少效用。

筆記要省時好記，不能為做而做

寫筆記不單只是抄課文、抄黑板，或者記下老師說的話而已。寫筆記的目的是有系統地整理學習內容，讓考試重點浮現在腦海，幫助自己更有效率地學習。因此，做筆記是有方法的，要清楚明白、省時好記，不能為做而做。

不一定每科都要做筆記，可以針對自己較弱的科目、不熟悉或容易忘記的部分，或是內容比較複雜的單元即可。做一次筆記需要花不少時間，但有助於快速且清楚地複習。

　　舉例來說，在國一生物學到動植物細胞的構造時，發現動物細胞與植物細胞有許多相同處，也有一些相異處。因此，可以將它們圖形化，讓共同處與相異處更明顯易懂。

　　如第66頁的圖1-1，左邊是動物細胞，右邊是植物細胞，兩者都有細胞核、細胞質、液泡、粒線體、細胞膜，不同的是植物細胞有葉綠體和細胞壁。第67頁的圖1-2則是關於動植物細胞的段考題，各位可以發現，考題重點在筆記中幾乎完全顯現。

工欲善其事必先利其器

　　要寫好筆記，必定要有好工具。需要挑選的工具包括筆記本、筆、便利貼，以及數位時代的產品「筆記App」。接下來逐一介紹，我個人對這些大大小小工具的看法。

● 1. 筆記本

　　筆記本的紙張顏色、封面設計，可隨著不同科目的需求而變化，以便查閱時能依照顏色翻閱。但筆記本的尺寸最好控制在A4，排列起來比較整齊，也容易整理及收藏。

　　有人喜歡用活頁紙加上資料夾，取代一般的定頁筆記本，可以隨時隨地更改、換頁，或者將各科集中在一起。如此一來，不用一個科目使用一本筆記本。我覺得各種筆記本都有它的好處，只要方便且符合自己的習慣即可。

▶▶ 圖1-1　筆記要清楚明白、省時好記

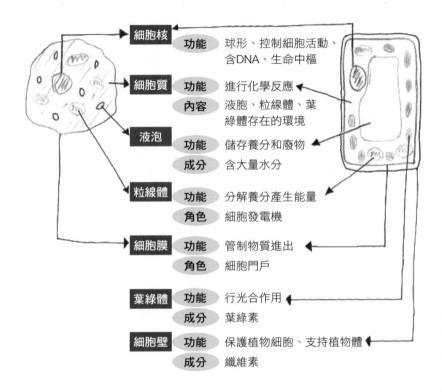

● **2. 筆**

現在的筆很多元，不單單只是鉛筆、藍筆或紅筆而已。其實，我從很早以前就經常使用三色筆、四色筆，這種筆同時有黑、紅、藍等顏色，當想要用這些顏色時不必多次翻找，而且出門時方便攜帶。

如果習慣單買鉛筆，藍色、紅色、黑色等原子筆、和各種顏色的蠟筆或色鉛筆也可以。一般筆記用藍色寫，可能會

▶▶ **圖1-2　動植物細胞構造的段考題**

1. 右圖是某植物細胞的示意圖，其中丁是
   綠色。哪一種構造和產生能量有關？
   （A）甲　　　（B）丙
   （C）乙　　　（D）丁

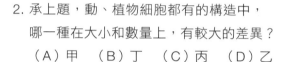

2. 承上題，動、植物細胞都有的構造中，
   哪一種在大小和數量上，有較大的差異？
   （A）甲　（B）丁　（C）丙　（D）乙

3. 承上題，遺傳物質 DNA 主要存在於何種構造中？
   （A）甲　（B）丙　（C）丁　（D）乙

答：1.B　2.D　3.A

資料來源：桃園市立中興國民中學108學年度第1學期7年級
第1次定期考試生物科試題13-15題

塗改的部分先用鉛筆寫，紅色和黑色的筆標註重要部分，圖
表的部分則可使用蠟筆或色鉛筆。

● **3. 便利貼**

　　便利貼是我們寫筆記或做重點時，經常會用到的文具，
你可以利用便利貼當做「考題小卡」，對於需要背誦的內容
相當好用。先在有黏膠的那一面寫下答案，在另一面寫下題
目，然後貼在筆記本上。這樣可以看完題目思考一下才去翻

面對答案，頗能達到測驗效果。

另外，在讀書時，如果靈感或想法湧進腦海，可以趕快用便利貼寫下來，貼在課本相關的內容頁上。或是突然想到有什麼事要處理，也可以先用便利貼寫下來，貼在書桌旁，等到書念完後再去做，就能避免因為雜事而分心。

● 4. 數位筆記 APP

隨著數位時代的來臨，可以輔助做筆記的App也不少，例如：OneNote、EverNote、Google Keep。這些App大多都支援網頁擷取、圖表繪製、複製、掃描、存檔等功能，Google Keep還能錄音，而且數位筆記App分享筆記內容很方便。這些都是實體筆記本很難做到的。

雖然數位筆記App具有實體筆記本無法做到的優點，但是用電腦打字很容易只是複製貼上全部內容。手寫的動作和過程，能幫我們組織觀念和記憶，分析比較相同點與相異點。因此，結合兩者的優點來寫筆記，會是不錯的選擇。

不會反客為主的筆記原則

目前在學校上課，課本是最主要的教材，筆記的功能是輔助課本，進行更有效的學習。因此，不能一股腦兒抄黑板，或是將課本中的某段照抄一遍，否則還不如直接錄音與拍照。要讓筆記發揮效果，建議參考以下的原則：

1. 歸納知識、寫出重點：筆記不需要什麼都抄，因為筆記不可能也不需要取代課本。筆記的功能是做出重點整

理，並把複雜的知識歸類，複習重要、容易忘記的部分。

2. 自己看得懂的程度就好：畢竟筆記是寫給自己看的，最符合自身的思考邏輯才是最好的，況且成績的進步不會因為筆記做得漂亮，而有很大差別。因此，省時、有效、看得懂才是最重要的。

3. 「大小便」最好都有：所謂的大小便，是「大筆記本＋小筆記本＋便利貼」三種形式的簡稱。平時，我會隨身帶著便利貼和小筆記本，若是突然有靈感，便可以在最短的時間內，用便利貼寫下來，貼在小筆記本上，等到回家後，再歸納到A4大筆記中。

4. 預留補充的空間：筆記千萬要學會留白，因為筆記通常不會只用一次，將來讀到新的資料或相關時事，會補充重點或是加入相關單元的比較。後面我會介紹「一本五種筆記術」，包括重點筆記、複習筆記、考題筆記、錯題筆記、類題筆記，都必須靠著筆記的留白與擴充才能完成。

　我在30年的教學經驗中，發現優秀的學生都有一個共同特點，就是筆記都寫得相當好。因此，我相信寫筆記確實有助於讓讀書更省時省力，尤其如果你還沒找到自己念書的方法與節奏，那麼熟悉並建立屬於自己的筆記方法，會是一個很好的出發點。

2 「正直三分、反橫二分」，劃分筆記版面

　　寫筆記不能在紙本上毫無版面規劃地寫，這樣容易變成塗鴉，也會顯得混亂，降低筆記複習的效果。因此，我提供「正直三分、反橫二分」的筆記版面劃分法，讓你的筆記有條有理又充滿知性美。

　　所謂「正直三分、反橫二分」，是在一張A4紙正面1/3之處劃一直線，反面1/2之處劃一橫線，如圖1-3所示。

　　正面的右邊2/3是「重點筆記」，用來上課聽講時做速記，以及課後整理補充。正面的左邊1/3是「複習筆記」，預備日後用於考試溫習功課、摘錄重點或是記下考試提要。

　　背面上下二分的主要用途，是用來「貼上考題」與「模擬出題」。目前各校的考題或是會考等各類型的考題，幾乎都是A4直書的版面，因此筆記上半部的版面用來貼上重要考題、自己做錯的題目，以便日後複習時再看幾次，能更加熟悉這些重要概念或曾出錯的題目。我將背面上半部的區域，稱為「考題筆記」與「錯題筆記」。

　　至於下半部的版面用於自行出題，也就是針對重要且容易出錯的題型，提出幾道類似題目考自己，我將這個區域稱為「類題筆記」。

▶▶ **圖1-3　筆記版面「正直三分、反橫二分」的作法**

正面（正直三分）　　　　　　反面（反橫二分）

 ## 上課聽講的「草記法」

　　如何在上課過程中，將老師講的重點記錄下來，是很重要的讀書技巧。老師的講課速度永遠比寫字速度還要快，於是學生聽講時做的筆記多半是支離破碎，而且字體潦草。因此，如果行有餘力，課後應該把筆記整理過一次。

　　我將上課聽講時的筆記法稱為「草記法」。這裡「草」的意思不是潦草，而是大概、簡略、不完整。課堂的進度通常不慢，不可能停下來等你寫筆記，因此草記法的課堂筆記

術可說是能順應上課節奏，隨時調整的重點記錄法。接下來看看草記法筆記如何實行。

1. 專心聽講的節奏，不能被做筆記打斷：上課注意聽講是考高分的重要關鍵，因此千萬不能被寫筆記破壞了思緒與注意力。在課堂上，許多同學經常低下頭記一段自己認為的重點，而漏掉黑板上剛寫出來就被擦掉的式子，或是漏聽重要的內容。

2. 心有所感時，快速用鉛筆記下重點：為了不干擾聽課，眼睛必須始終盯著黑板和老師，耳朵一直聽著講課內容，頭腦與心裡積極進行思考與理解，一旦出現重點，就要快速用鉛筆記下來。用鉛筆的原因有兩個，一是方便課後整理時擦拭與修改，二是容易拿捏力道，輕輕寫就看得很清楚。還有，必須注意寫字時不要低頭看筆記本，只要用手做記錄，頂多眼睛稍微確認一下，看看是否寫在合適的位置上即可。課堂草記最主要的目的是不漏掉任何重點，至於字寫得好不好看，版面是否美觀，根本不重要。只要堅持一段時間，便會慢慢適應這樣的筆記方式。

3. 自創速寫符號，可幫助做筆記更快：為了增加做筆記的效率，可以自創速寫符號，讓你的課堂草記寫得更快，記下更多重點。例如：數理化各門功課中的標準符號，或是分類符號、縮寫、標點符號都可以應用到筆記中。不過，自創的符號不要太多，否則容易混亂，因此必須如同表1-1，記下容易混淆的符號意義。而且，必須課後及時整理，否則時間久了，忘記就很可惜了。

▶▶ 表1-1 筆記時常用的速寫符號

種類	符號
常用符號	因為「∵」、所以「∴」、男性「♂」、女性「♀」
分類符號	重要「✔」、已經會了「✘」、陷阱題「◎」、特別重要「＊」、完成「＃」、有問題「？」
縮寫語	舉例來說「e.g.」、對決「vs.」、等等「etc.」、換句話說「i.e.」、也就是「aka」
標點符號	逗號、句號、冒號、引號、直線、雙線、黑點、圓圈、曲線、箭頭、紅線、藍線、驚嘆號、問號

 經常關注時事，記下心得與重點

新聞就是當下最新發生攸關你我的事。例如：寫書當下看見一則新聞報導，在台南有暴徒放置炸彈，即俗稱「撒旦之母」的土製TATP（三過氧化三丙酮），便想到這可能是明年學測自然科化學題目的好素料，即便成為明年5月會考題目也不稀奇。

有了這樣的認知之後，趕緊上網或到圖書館查閱相關資料，也可以跟老師或同學討論，了解新聞事件的緣由、始末與影響，而最後的重點是這種素材會如何出現在考題中。

再以上述的炸彈為例。你可以製作一個心得筆記，內容包括事件名稱、新聞概述、適用科目、可能考點。我做的整理如第74頁的表1-2。

此外，2019年12月26日是台灣天文界雀躍的一天，因為日環食來啦！（但台灣地處偏北，只能看見日偏食）。我相

▶▶ **表1-2　新聞時事心得重點筆記**

事件名稱	「撒旦之母」土製炸彈
新聞概述	在台南有暴徒放置炸彈，俗稱「撒旦之母」的土製TATP（三過氧化三丙酮）。
適用科目	自然科、社會科、英語科
可能考點	1. 英語科：可能以英文新聞報導的方式出現在閱讀測驗的題型中。但單字與句型應該都不難，主要在考篇章主旨的掌握。 2. 社會科：炸彈客若是為了干擾選舉而有此舉動，在社會科就有可能考出其觸法罪刑，例如構成《槍砲彈藥刀械管制條例》第7條第1項的製造爆裂物罪，還有可能構成公共危險罪、傷害罪、毀損罪等。也有可能在政治參與及選舉的觀念等處入題。 3. 自然科：TATP是19世紀末德國化學家發明，原料包括丙酮、雙氧水和硫、氯化氫或硝酸，然後按一定比例合成。TATP是一種過氧化物炸藥，它極為不穩定及敏感。製成的白色結晶即使很少量，亦可造成強烈爆炸。在化學科的考題面向較廣，包括原料、反應、吸放熱等。

信你一定知道，這個事件如果入題，會出現在哪一科、用什麼概念出現，你可以自行歸納並記下來。

　　因此，你要養成敏銳觀察的習慣，隨時注意周遭生活發生的大小事，思考它們與你的學習有什麼關連，從各種角度切入問題並尋求解答。由於這些新聞時事都可能入題，因此唯有多一分關心，才能隨時厚植應考實力，為考試尋求更多保障。

3 準備大型考試，「一本五種」筆記術就搞定

　　筆記的建立是知識的累積與呈現，更是未來複習的重要參考，許多榜首都有做筆記的習慣。為了筆記的規格統一，方便整理與增刪，我提倡A4規格。

　　依照我的習慣與經驗，準備大型升學考試（例如：會考、學測、指考），至少應該建立以下五種筆記：

重點筆記

　　前面提到的，邊上課聽講、邊記下的筆記，以及課後邊閱讀新進度、邊將重點概念轉化成自己語言寫入的筆記，稱為「重點筆記」。而且，要寫在筆記正面右方2/3最大面積的區域。較常使用的重點筆記有畫圖法、表格法、大綱法。

● 1. 畫圖法

　　大腦對圖形的理解比對文字快20倍，因此用畫圖法建立重點筆記，對理解複雜難懂的文字內容幫助甚大。例如：學習理工科目時，將抽象的文字敘述畫成圖，能幫助理解，而且在圖中可以標示考試重點。

　　以理化科電磁學的「電動機原理」舉例，大多數學生對

▶▶ **圖1-4　畫圖法範例──電動機轉動原理**

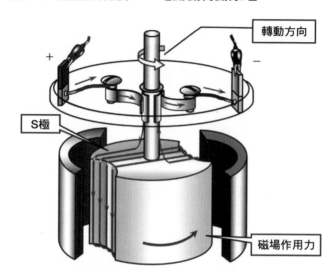

於生活中常見的「馬達」轉動原理都不陌生，但課本的文字
敘述簡單，於是產生理解上的困難，這時只要畫個圖如1-4，
就容易判斷了。當電流通過線圈時，軟鐵芯因電流的磁效應
而成為磁鐵，與周圍的場磁鐵產生磁力交互作用而運轉。

● **2. 表格法**

　　將複雜的概念用表格加以整理，幾乎任何科目都用得
到，考生也較為熟悉。例如：表1-3是歷史科「東周的學術思
想」比較。對於九流十家中最著名的儒、道、墨、法四家的
學術思想差異，進行簡單比較時，用表格法可以清楚表示。

● **3.大綱法**

　　大綱法幾乎適用於所有科目，通常以阿拉伯數字作為分
項工具，每一個主標題的下面，再填入次標題或相關內文。

▶▶ 表1-3　表格法的範例——東周的學術思想

儒家	孔子	以仁為中心、有教無類、因材施教
	孟子	人性本善、民貴君輕
	荀子	人性本惡、禮治
道家	老子	清靜無為
	莊子	寓言故事
墨家	墨子	兼愛、非攻
法家	韓非子	權術、威勢、刑罰

一般書籍的編輯基本上都是大綱法的延伸。這是作文、寫作測驗或申論題練習時，既省時又能練習答題架構的好方法，更是整理複習筆記的好幫手。例如：圖1-5是理化科「靜電」的前導概念，用大綱法可以清楚看出當中的層次。

▶▶ 圖1-5　大綱法的範例——靜電

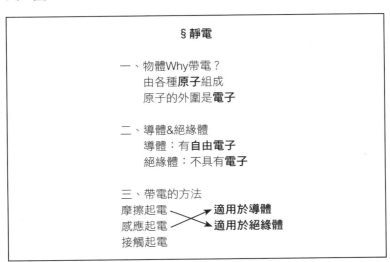

複習筆記

重點筆記在課後整理完之後，到了考前會再次翻閱複習。將複習過程中重要的、易錯的概念寫出來，並進行歸納，就是重點筆記的濃縮版，我稱之為「複習筆記」。前面提過，這是寫在筆記紙正面左邊三分之一的區域。常見的複習筆記有樹狀圖、心智圖、概念圖、流程圖。

● **1. 樹狀圖**

要避免太多枝葉，否則會模糊重點。以下用生物科的「植物分類」為例，畫出如圖1-6的樹狀圖。如果你的電腦功力不錯，Word文書軟體也可以繪製。

▶▶ **圖1-6　樹狀圖範例──植物的分類**

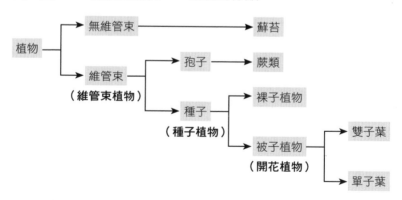

● **2. 心智圖**

　　想製作「關鍵字」的串聯組織，不用寫很多，但要很有條理。心智圖（mind map）顧名思義是一種隨著書寫時的心智而走，用圖像呈現重點關係的工具，可以做為學習方法。其優點是可以讓人們清晰地綜覽訊息和各部分的組成。我舉出鄭成功的歷史為例，供各位參考，如圖1-7。

▶▶ **圖1-7　心智圖範例——鄭成功**

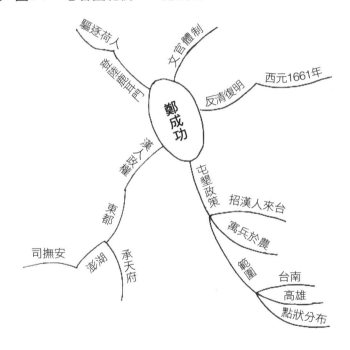

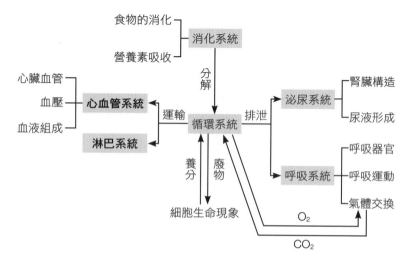

● 3. 概念圖

這是呈現概念之間關係的圖解。通常在概念圖中，用方框或標籤表示概念，而概念之間的關係則用含有連接詞的箭頭線段連結來顯示。以下舉出生物科「動物體的構造與功能」為例，如圖1-8。

● 4. 流程圖

這是一種對發生過程的圖像表示，廣泛應用在化學反應、生物科技等領域。在此舉出理化科「清潔劑去污原理」為例，如圖1-9。

 ## 考題、錯題、類題筆記

將考古題當中不同年度的相同考點，整理成「考題筆記」，可以讓考題概念化，方便複習時深化思考。其次，可

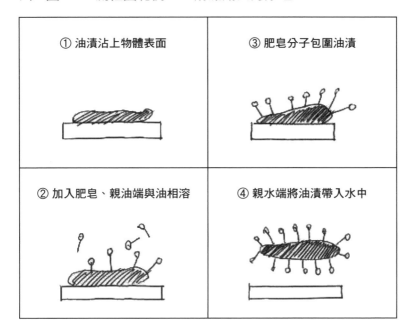

以將自己在學校模擬考、小考犯錯的題目，用手寫或剪下貼上，讓所有檢討內容都放入其中，這就是「錯題筆記」。

最後，針對練習考古題時犯錯的題目，重新出一道類似題，並整理放入筆記中，讓自己記取教訓，這就是「類題筆記」。類題筆記的排列不宜太擁擠，要空出一些空間當做日後複習筆記時的補充。這樣不但可以輕鬆建立練習題庫，而且類題是自己出的，具有緊密的情感與靈魂。

儘管上面解說那麼多做筆記的方法，但做法還是無窮無盡，等待你研究與發掘。我認為筆記沒有好壞，只有適不適合自己。因此，做筆記最重要的是發展出自己的方法和風格，持續學習及不斷進步，讓筆記成為讀書與考試的利器。

活用10種「超級記憶法」，讓進步永不停歇

為了因應考試，必須記住大量的知識，這是所有學生最大的困擾。因此，在這個單元，我教大家一些有效的方法來強化記憶，讓各位在充滿壓力的考試情境裡，仍然能正確地將資料回憶出來。

知名生理學家指出，短期記憶經過持續的複誦或複習，將內容連結至長期記憶，未來轉為由長期記憶提取知識。

以下提出的「超級記憶法」，都是經由我自己與學生親自使用，並見證過神奇的效果，才介紹給各位。希望大家好好練習這些方法，將它們化為自己的學習模式與武器。

 ## 口訣法

對於複雜的條文或內容，選擇其中的關鍵字編成有意義、有故事的口訣。這些關鍵字越少越好記，故事越有吸引力越好。例如：用口訣法記憶「五代十國」的名稱。五代是後梁、後唐、後晉、後漢、後周，可以記作：「梁、唐、晉、漢、周，前面都有後。」十國是吳、南唐、吳越、楚、閩、南漢、荊南（又稱南平）、前蜀、後蜀、北漢，可記作：「前後蜀，南北漢，南唐、南平來作伴，加上吳越、

吳、閩、楚，十個混戰中原亂。」

 ## 諧音法

　　將關鍵字編成一串字，由相近似的發音串接而成，使原本無意義的音節變成有意義的詞句。字越少越好記，故事越爆笑越好，最重要的是生動有趣。例如：構成細胞的主要物質包括水、醣類、脂質、蛋白質和核酸等，可以記成「核、脂、蛋、醣、水」（諧音是：核子彈淌水）。

　　「東協十國」包括剛開始的會員國新加坡、馬來西亞、泰國、菲律賓、印尼，以及後來加入的汶萊、越南、寮國、緬甸、柬埔寨，可以記成「寮、馬、新、菲、越、泰、柬、尼、緬、汶」（諧音是：老媽心飛月，太監裡面聞）。

 ## 串聯法

　　對於名稱相同，但介紹會因學科不同而相異的內容，我們可以串聯記憶並比較，將更加明白其中的異同。這樣的記憶方法，可以橫向聯繫各科的比較，更加明瞭不同學科之間的切入角度。

　　例如：在生物課時，學到碘液的顏色為黃褐色，碘液若是加在不含澱粉的溶液中，可能被稀釋而呈現淡褐色，若是加在有澱粉的的溶液中，則呈現深藍色。但是在理化課時，學到碘液碰到澱粉會呈藍紫色，甚至藍黑色。

　　其實，這是因為碘液和澱粉的比例會影響到溶液的顏色。當碘液的量比澱粉少時，溶液呈現藍色，當碘溶的量比

澱粉多時呈現綠色，而兩者比例相似時則呈現藍綠色。原本以為只會有藍、深藍、紫、黑色，想不到還有綠色！這就是串聯法的好用之處，可以讓你徹底弄懂。

 ## 三字經、五言、七言絕句法

利用3字、5字、7字的韻律與平仄變化，將難背的內容用「一字擴張法」記下來。例如：在公民科中，法律的功能有保障人民權利、維護社會秩序、促進社會進步，就可以用「三字經」加上一字擴張法。

首先，必須找出每句話或每個詞當中最關鍵的字，也就是想到那個字便會想起那句話或那個詞。以上述的法律功能3重點為例，你可以找「權」、「秩」、「進」三個字，並將它們稍微做個轉換，變成「秩進權」，就非常好記因為「△△權」是很口語的說法。

這時候，再活用前文提到的諧音法，把「秩進權」變成「至近權」（最靠近人民的權利），就更好記了。因此，你可以彈性使用記憶方法，只要記得住就好。

5個字時，方法也是一樣。例如：公民科講到人民基本權利的平等權，包括了男女平等、宗教平等、種族平等、階級平等、黨派平等，可以怎麼記呢？

我會先找出每個詞的關鍵字，像是「男」、「宗」、「族」、「階」、「黨」，就幾乎可以記起來。再活用諧音法，把它們變成「男、宗、族、街、黨」（男性的宗族組成街黨，專門打抱不平、維護平等），或者「男、宗、族、檔、街」（男性的宗族擋在街上，不讓不平等的外族入

侵），會讓讀書變得很有趣。

以此類推，6個字、7個字、8個字……的基本做法都相同，字越多越能顯現這個方法的威力。我經常用這個方法來記憶法律條文，對每個條文只記一個字，即使整篇法律有上千個字，也幾乎能了然於胸。

當然，國中的範圍沒有那麼繁雜的內容要背，因此各位可多加練習，筆記裡就會出現許多充滿創意的記憶絕招。

例如：公民科講到人民基本權利的自由權，包括了人身自由、居住及遷徙自由、表現自由、秘密通訊自由、信仰宗教自由、集會及結社自由，請你想一想可以怎麼記住。

表格比較法

針對學習內容中有關人、事、時、地、物的正反、對應、優缺比較，可以製成表格以便記憶。例如：表1-4各朝代的篡位者和身分，以及其建立新朝代的名稱，都是考試中常出現的比較題。

▶▶ **表1- 4　表格法範例——歷朝篡位者身分與新建朝代比較**

	西漢	東漢	曹魏	東晉	北周	唐朝	後周
篡位者	王莽	曹丕	司馬炎	劉裕	楊堅	朱溫	趙匡胤
身分	外戚	權臣	權臣	權臣	外戚	藩鎮	將領
建立朝代	新	魏	晉	南朝宋	隋	後梁	宋

 **畫圖法**

　　畫圖法是將文字的學習內容轉換成圖形，可以結合概念圖、樹狀圖、流程圖，是彈性相對較大的圖形記憶法。例如：一般家庭類型當中的大家庭和折衷家庭，是人們常搞混的觀念，透過畫圖法會比較容易理解和記憶，如圖1-10。

▶▶ **圖1-10　畫圖法範例──大家庭和折衷家庭**

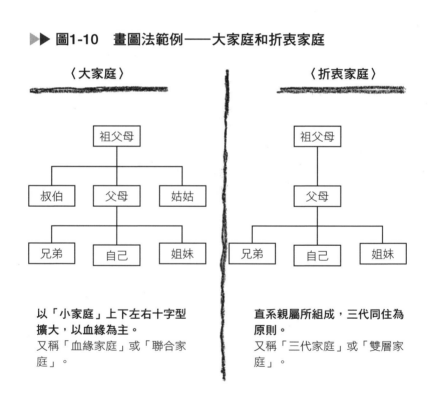

以「小家庭」上下左右十字型擴大，以血緣為主。
又稱「血緣家庭」或「聯合家庭」。

直系親屬所組成，三代同住為原則。
又稱「三代家庭」或「雙層家庭」。

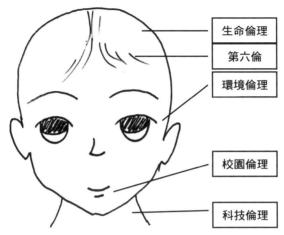

記憶原理：
・生命倫理（大腦是生命中樞）
・第六倫（六與瀏海的瀏，讀音相近）
・環境倫理（要眼觀四面、耳聽八方的環境）
・校園倫理（校與笑同音，用嘴巴的微笑記憶校園倫理）
・科技倫理（打電腦、玩科技太久，肩頸會酸痛）

 身體定椿法

　　有順序的學習內容可以藉由有順序的「椿子」，來幫助記憶。如此一來，在回憶時，只要想到椿子，就能連帶記起其連結的東西，這種記憶方法被稱為「定椿法」。

　　有順序性的椿子很多，例如：用東西南北可記四個內容；用金、木、水、火、土可記5個；用八德可記8個；用阿拉伯數字至少可記10個；用天干可記10個；用地支可記12個；用十二生肖可記12個；還有身體部位等等。

　　以身體部位為例，由下而上依照順序至少有15個部位，包括了腳底、腳趾、小腿、膝蓋、大腿、屁股、腰部、腹

部、胸部、肩、頸、嘴巴、鼻子、眼睛、眉毛、頭腦，可以用來記15個東西。

舉例來說，公民科談到五大倫理，包括第六倫、生命倫理、環境倫理、校園倫理、科技倫理。該如何記憶呢？請看第87頁的圖1-11及其相關的記憶原理，就會恍然大悟。

 ## 魚骨圖

特別適用於概念之間具有因果關係的記憶，魚頭是「結果」，魚骨是「原因」。

例如：在地理科中，台灣季風氣候的成因有4大因素，包括了大範圍海陸性質差異、風向隨冬夏季節交換、夏季吹西南季風、冬季吹東北季風。其中，西南季風有2小因素：陸地低氣壓、海面高氣壓（陸L海H），且吹暖溼海風；而東北季風有2小因素：陸地高氣壓、海面低氣壓（陸H海L），且吹冷乾陸風。因此用魚骨圖最適合，如圖1-12。

▶▶ **圖1-12　魚骨圖範例——台灣季風氣候**

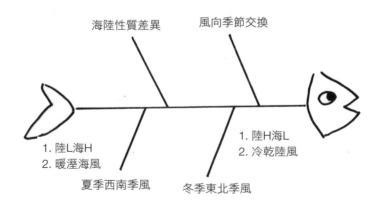

歌訣法

　　如果你會作詞作曲，那麼將複雜而難理解的概念填詞譜曲，唱成一首歌，是最好的。如果你不會譜曲，可以選一首耳熟能詳的流行歌，將概念內容填成歌詞，多唱幾次就熟悉了。例如：我把公民科談到「認識自我與生涯規劃」的內容，編寫成一首吉他彈唱曲《找自己》，如圖1-13。

▶▶ **圖1-13　歌訣法範例──「認識自我與生涯規劃」的吉他彈唱曲《找自己》**

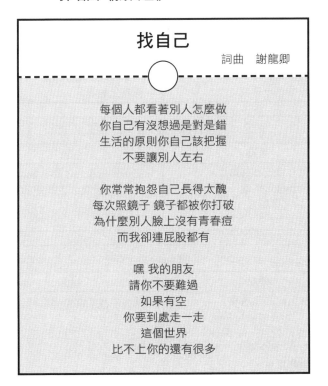

對應比較法

　　理科的學習內容中有許多對應的概念，你可以運用對應比較法，將它們羅列在筆記中，以便相互比較與記憶，因為記住一個等於記住兩個。例如：溫度計種類與性質、電池與電解電鍍、發電機與電動機、肺循環與體循環、串聯與並聯等，如表1-5整理出常見溫度計的比較。

▶▶ **表1-5　對應比較法範例──常見溫度計的比較**

水　銀　溫　度　計	
優點	缺點
1. 不會沾附管壁。 2. 液線清楚。 3. 導熱性非常好。 4. 對溫度變化反應快。	1. 凝固點在攝氏-39度C。 2. 不適宜測量極地氣溫。 3. 有劇毒，打破了危險。 4. 價格比較貴。

酒　精　溫　度　計	
優點	缺點
1. 凝固點在攝氏-115度C。 2. 適宜測量極地氣溫。 3. 比水銀容易膨脹，需要較寬的玻璃管。	1. 必須經過染色才容易觀看。 2. 沾附到管壁上，液線很容易斷開。

體　溫　計	
優點	缺點
1. 刻度放大，較易觀察。 2. 在內側水銀球附近的玻璃管，有彎曲的設計。使用後，水銀線斷了，不會馬上下降，便於仔細觀察溫度。	1. 溫度測量範圍是攝氏35度C～攝氏42度C。 2. 不可放冰箱，也不能以熱水消毒。

5 掌握記憶術5大重點，使自己出類拔萃

　　記憶法的最高境界不只是記下來，重點是要能夠用出來。否則，就像是把武功招式背起來，卻不懂得使用，跟沒學到是一樣的。因此，接下來我告訴大家，如何活用原理原則、整合跨科知識、留意科學新知、結合生活經驗、加強公式整理，不但可以增強知識記憶能力，更能從多層面的學習方法創造過程中，體會學習的樂趣與成就。

 ## 活用原理原則

　　公式、定律與原理，是解決數學、理化、生物、地球科學題目的3大基本要素，考生必須理解這些要素，分門別類地歸納，然後加以活用。例如：地球科學的氣象資訊「鋒面」，就是原理原則的運用，如以下所述。

　　1. 性質不同的冷、暖兩氣團相遇時，其交界處為一個不連續面，稱為**鋒面**。在鋒面兩側的空氣性質，諸如溫度、濕度、風向、天氣等，通常會有明顯的差異。實際上鋒面為過渡地帶，其寬度通常有數公里至數十公里不等。

▶▶ **圖1-14　冷鋒鋒面**

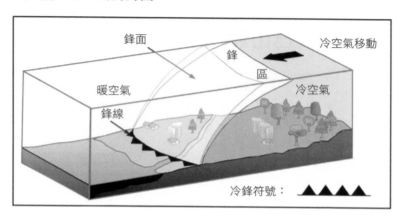

2. 當冷空氣前進，迫使暖空氣後退而取代暖空氣原有位置，此時的鋒面稱為**冷鋒**（如圖1-14）。

3. 當暖空氣前進，迫使冷空氣後退而取代暖空氣原有位置，此時的鋒面稱為**暖鋒**（如圖1-15）。

4. 當冷、暖氣團勢均力敵，鋒面會呈現滯留狀態，此時的鋒面稱為**滯留鋒**。滯留鋒的符號為右圖。

 整合跨科知識

教育會考的趨勢顯示，每科都開始採取跨科整合題組，尤其社會科的題組題，用主題或情境的方式來串聯。考生不能再單靠地理、歷史、公民等的單一知識來解題，必須進行跨科目的整合與學習。

▶▶ 圖1-15　暖鋒鋒面

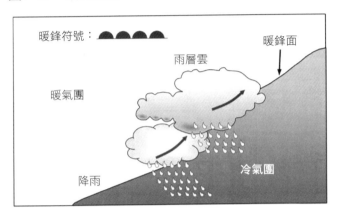

理科的知識有許多重疊或是相關應用，如果你讀書時發現這類情況，最好將它們整理在一起研讀。例如：關於分子與原子的組成，物理、化學在探討這個部分時，各有其重要性。再例如：關於物質穿越細胞膜的活動，你若是了解分子活動的概念，包括分子結構與組成（化學）、分子動力論（物理），會更容易理解物質穿越細胞膜的相關概念。

下面以化學跨數學、科技、美學的巴克球（又稱「芙」）為例，如第94頁的圖1-16，其結構外形像一顆英式足球，是由20個六角形和12個五角形交互組合所圍成，共有32個面、60個頂點（代表60個碳原子），以及90條邊，是目前已知對稱性最高的球狀分子，也是第三個被發現的碳同素異形體（前兩個是石墨、金剛石）。

▶▶ **圖1-16　巴克球（芙）的分子模型，展現跨領域美學特性**

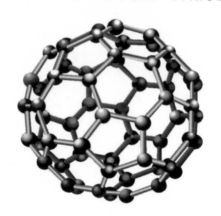

 留意科學新知

　　科學新知對於理科，就像時事新聞對於文科和法科一樣重要。因此，平常要多留意科學新知與時事。

　　舉例來說，光觸媒效應目前是奈米科技運用相當廣泛的一門科技。光觸媒效應主要是因為奈米等級的二氧化鈦（TiO_2）在紫外線照射下，會與空氣中的氧氣（O_2）或水氣（H_2O）產生超氧自由基，也如同過氧化氫（H_2O_2）一般的強氧化力，會對於表面接觸的有機物產生氧化作用，其作用可以是分解、漂白或殺菌的現象。

　　因此，人們將光觸媒效應產生的自潔效果，廣泛使用在塗料、物體表面、抗菌、除污、去除異味的用途上。如圖1-17顯示的光觸媒磁磚效應，磁磚上的色斑經由日光燈照射4天後，會有明顯的褪色效果。

▶▶ **圖1-17　光觸媒磁磚效應**

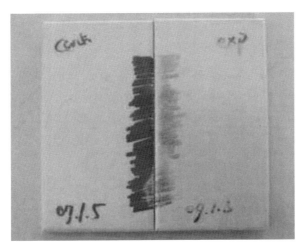

（4天後）左：日常室內光線　右：日光燈照射

☀ 結合生活經驗

　　基本上，我們的日常生活都是建立在理科原理上，因此將理科相關概念結合生活經驗來學習，是最能徹底了解且活用的不二法門。

　　舉例來說，溜冰選手在轉身時，將手臂向身體靠攏，可以提高身體的轉動速度，如第96頁的圖1-18所示。這是因為手臂內縮旋轉，減少轉動慣量之後，可以增加轉速，在物理學上稱為「角動量守恆」（因為身體半徑被縮小，速度自然會增加，才會達到角動量不變的定律）。

▶▶ **圖1-18 溜冰旋轉手臂內縮增加轉速**

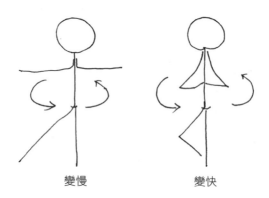

變慢　　　　　　　　變快

 加強公式整理

　　將公式與定律整理成有結構的圖表，可以清楚地理解公式與定律，並產生記憶。例如：理化科「電能與電功率」的公式很多且複雜，很適合透過這個方法來增強學習效果，如下圖1-19與1-20。

▶▶ 圖1-19 電能的相關公式整理

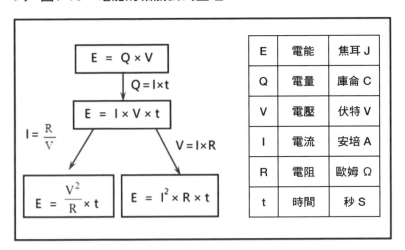

▶▶ 圖1-20 電功率的相關公式整理

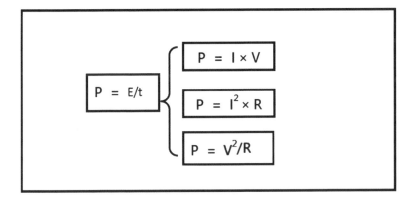

第2彈

狠：「考前整合搶分術」教你狠賺分數，效率提高 30%

頂尖學生必知的 「生活規劃法」

　　各位是否聽過五月天的歌曲《離開地球表面》，其中一段歌詞唱得很好：「丟掉電視、丟掉電腦，丟掉嘮叨，再丟煩惱……我就能越跳越高，越跳越高，把『敵人』甩掉！」這簡直就是參加任何考試的最佳心情寫照。唯有堅定的信念、清醒的頭腦，加上不斷努力，才能成就學霸之路。

　　以下我將告訴大家如何準備考試，包括心理建設、營養均衡、睡眠充足、培養自信、心態堅定等，以及在考場上的答題與解題技巧，當然最重要的還有積極搶分策略。

 ## 考試心理建設強，自我信念必然高

　　面對大型考試，克服焦慮與心理調適很重要。尤其升高中的教育會考是你人生中的第一次大考，緊張程度可想而知。因此，如果你已經做好考試準備，下一步就是建立強而有力的心理建設，你需要讓自己做到以下幾點。

　　1. 保持平常心與自信心：藉由處在類似會考的環境與時間，讓自己習慣狀況，以便用平常心對待考試。而且，按照平時正常作息時間，保持自身體力。此外，鎖定合適的目

標，以樹立強大的自信心。

2. 避免緊張與焦慮：多找朋友或同學談心說笑、參加文藝或團康活動來調劑身心，或者借助意念調節情緒，使自己心平氣和。這些可以有效避免緊張的情況發生。

3. 正向自我暗示：在心裡告訴自己「我一定做得到」，這不是盲目樂觀，而是積極正向的自我心理暗示，可以帶來自信、樂觀、勇敢。

4. 放慢生活步調：考前有沒有盡力準備、準備的方式與方向對不對，到考前其實已經很難改變。這時候，不如放慢步調，給自己喘息的空間，深呼吸、泡澡、運動、聊天、和家人一起出外走走等，比較可以保持好心情。

營養保持均衡，才有體力準備考試

營養是健康的根本，食物是營養的來源，均衡飲食是維持健康的首要原則。所謂營養均衡，就是不偏食、均衡攝取六大類食物，再加上「三少、三多」策略，**三少是少糖、少鹽、少油，三多則是多開水、多纖維、多運動。**準備考試的人要特別留意以下幾點：

1. 熱量不能太多：不選肥肉、油炸物、奶油或沙拉醬等高油脂和高熱量的食物，做為養分來源，並且切記要少喝含糖飲料。

2. 先肉後菜再吃飯：不正確的進食順序會影響思路。進食時，要先吃能讓人思路清晰的蛋白質（肉、魚、蛋），再吃高纖維的蔬菜，最後才吃容易讓人昏昏欲睡的碳水化合

物（飯、麵）。

3. 多補充重要元素：多吃綠色蔬菜，補充B群維生素、鐵、鈣等重要元素，不進補、不喝提神飲料。**避免莢豆類、花生、洋蔥、玉米、韭菜、碳酸飲料等容易脹氣的食物**，喝優酪乳補充鈣質，防止便秘與腹瀉。

 ## 睡眠充足，才能紓解壓力

睡眠充足有助於建立良好飲食習慣、消除疲勞，換取充沛的精力，提高免疫力和保持清醒的頭腦。足夠的睡眠是從容應考的前提，也是安定身心的重要關鍵，可以讓你專心念書，當一個休閒、讀書兩得宜的高手。

1. 睡眠定時定量：每天定時睡覺、定時起床，維持固定且充足的睡眠時間，讓生活作息保持規律。健全的生理時鐘是保證身體健康的最佳方法。

2. 放鬆好入眠：透過適度的娛樂消除緊張感，使自己放鬆。睡前做適當的體能鍛鍊、家務勞動，讓肌肉與大腦放鬆，最後洗個熱水澡，喝杯熱牛奶，使自己進入夢鄉。

 ## 掌握最新考試動態與改變

教育會考從103年實施以來，考試類型、規則與評分標準大致都已穩定。但是每年會考時，各考區多多少少有一些差異和變化。尤其108課綱實施之後，111年教育會考的素養導向命題形式，會跟現行的考試有較多的不同，因此對於考

試資訊的掌握要隨時更新。關於會考相關的資訊，可以從以下幾個管道得知：

1. 國家教育研究院：提供會考的最新政策訊息與參考試題。

2. 各縣市教育局：督導各校辦理考區的各項試務行政工作。

3. 當年度各考區試務主辦學校：統籌辦理考區內各項試務施行細節。

4. 學校輔導室或導師：負責會考報名、考試場地安排、試務處理。

展現破釜沉舟的堅強意志

通常，考得上的考生都是有目標的人，因為他們心無旁騖、專心一志。其實，**每個人都想考上明星學校，但每個人想考上的動機與強烈程度都不同**。有的人確立目標，下定決心不玩手機和電動、不看電視，不做浪費時間的事，最後果然考上。

日本考試之神莊內雅司說，許多人面對考試時，會去書局找參考書，不過他發現對參考書價格斤斤計較的人通常都考不好。相較之下，只要看到參考書中有值得學習的部分，便不計代價買下的人，通常都考得不錯，因為他們知道書本帶來的知識價值遠勝過它的價格。

組成「慢威英雄聯盟」，
一點一滴累積應考實力

　　孤獨學不如一起練，因此可以參加考試社團、讀書會，避免獨自一個人辛苦練功，或者找些志同道合的夥伴，讓學習的路上有人相伴。例如：組成「慢威英雄聯盟」，所謂「慢威」就是比較慢發威，成員們互相鼓勵、各補所短、發揮團隊成效，朝著目標一步步邁進。

2 「主題式考古題整理法」，幫你預見未來

教育會考的計分方式是標準參照，個人的得分高低並非與其他人比較得來，而是依據絕對標準。也就是說，答對的題數與獲得的級分數是在考前就已設定。各科的評量結果分為3級：精熟、基礎、待加強。

因此，**調整好自己比什麼都重要**。距離會考越近，越不宜練習許多新題目，更不能專挑難的做。這時候，應該挑選做過的題目，尤其是歷屆試題，以模擬會考的方式，做單元與冊別的縱橫整合，並且徹底弄清楚這些試題是連結哪些課本概念。做考古題很重要，但也要用對方法。

考古題可以鑑往知來

做考古題能溫故知新，了解未來的出題方向。**如果把近5年的考題全部做過一遍，會發現考題的大方向似乎沒有改變**，只是小細節或應用層面有些變化。

● 1. 考古題幫助掌握學習重點

做考古題的過程會不斷遇見重點概念，這些概念都是國中三年各科的學習重心。會考各考科考題必須兼顧普遍性且

難易度適中，然而考科的基本知識與重點就是那些，只要多做便會發現，同樣的考題經常重複出現。

所謂考試重點，就是每年不斷出現的考題焦點，從**考古題的實作與分析**，很快可以整理出不同年度相同主題的考試方向，方便讀書時特別注意。

● 2. 考題焦點約占 60%

根據我的經驗，每一考科經常出現的考題焦點約占學習內容的60％。這些反覆出現的重點，只有從實作與分析考古題，才能完全掌握，更是考生必須優先熟悉的內容。

 ## 考古題的80／20法則

根據80/20法則，80％的考題出在20％的重點上，而這20％的重點全部藏在考古題當中。根據我過去的經驗，準備考試不是拿起書就讀，像無頭蒼蠅一樣，連續啃了幾本書，都不知道考試重點在哪裡，平白花費不少時間。出題老師會參考過去的考題趨勢，經過考量才下筆命題。因此，準備考試時，很重要的一件事就是一定要多做幾遍考古題。

● 1. 網站下載會考歷屆試題

想蒐集過去的會考考古題，到國立台灣師範大學心理與教育測驗研究發展中心（簡稱「心測中心」）的「國中教育會考」網站去找最快（註：進入該網站後，點選上方的「歷屆試題」）。目前可以按照年度搜尋，從民國90年到108年的所有考科試題與解答都非常齊全。另外，考生用關鍵字搜尋

「會考考古題」或「會考歷屆試題」，應該會有不少收穫。

不過，坊間提供的網站當做參考就好，因為這些網站的解答當中，有很多並非專業老師所寫，錯誤率很高。相較之下，心測中心是全國教育會考試務中心建置的，「國中教育會考」網站提供的試題答案正確率最高。

● 2. 勤練單元分類的歷屆試題

前文所說的蒐集考古題，僅是會考歷屆各考科的整份試題。如果考生對考科較不熟悉或是完全沒有學過，必須備妥依照章節整理的歷屆試題。

坊間許多出版社已出版不少這樣的題庫書，其優點是幾乎都有詳解。不過你一定要記得，不能完全依賴解答，因為盡信書不如無書。當然，如果你要自己整理，那是更好。根據我的經驗，**想在會考各科都拿A級以上，練習依單元分類的歷屆試題是最有效的。**

考古題整理技巧

市面上販售的分類書最大的優點，就是已經將歷屆試題按照不同章節屬性做好歸類。然而，每一章節的內容多寡不同，導致重要程度也有差異，而且章節後的題庫分屬不同重點主題。

● 1. 建立主題式考古題筆記

以章節分類的考古題概念仍然太繁雜，因此要做更詳細的歸類與整理。必須按照主題，**將不同年度的相同主題考點**

整理在一起，再彙整成考題筆記，這個方法稱為「主題式考古題整理法」。

選擇題重視的是判斷選項的對錯，你要設法一眼看穿每個選項的對錯原因，讓它們無所遁形。例如以下題目：

 範例2-1

野外露營或攀登高山時，鎂塊常是求生必備的物品之一。將鎂塊削成碎片，在潮濕環境或強風吹襲中，仍然能引燃柴火，是一種較不受環境限制的野外生火方式。關於將鎂塊「削成碎片」的動作，主要是考慮下列何種影響反應速率的因素？【108年教育會考自然科第1題】

（A）溫度　　　（B）催化劑

（C）物質本質　（D）接觸面積

答：D（詳解請見別冊的範例解析2-1）

這題要考量反應速率的影響因素，ABCD這4個選項都是影響因子，而削成碎片的動作溫度不變，沒有加催化劑，鎂塊的物質本質沒變，唯有細塊的表面積變大。

也就是說，每個選項的背後都是一種學習，都可能是其他類似題的答案，寫一題等於學4題，有助於徹底求懂。

光是108年會考，自然科有關反應速率就有2題，除了上述這題之外，還有以下與生物有關的概念題。

範例2-2

小帆想知道某一植株在不同環境條件下，葉片行光合作用時速率的快慢，應依據下列哪一資料進行推測最為合理？【108年教育會考自然科第5題】

（A）單位時間內產生氧氣的量

（B）單位時間內消耗葉綠素的量

（C）單位時間內消耗葡萄糖的量

（D）單位時間內產生二氧化碳的量。

答：A（詳解請見別冊的範例解析2-2）

此外，在其他年度中，與反應速率這個概念有關的歷屆試題如下，你可以當做建立主題式考古題筆記的參考。

 範例2-3

下圖為某實驗的步驟圖，步驟四完成後，觀察到試管內的液體分成兩層。如果僅將其中的一個步驟修改，其他步驟不變，則下列四種修改方式及其結果的描述，何者正確？【104年會考試題第19題】

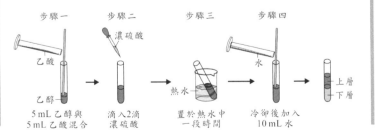

（Ａ）步驟一的乙酸改成同體積的食醋，反應速率會減慢

（Ｂ）步驟二的濃硫酸改成滴入5～6滴，反應速率會減慢

（Ｃ）步驟二的濃硫酸改成同濃度的醋酸，反應速率會增加

（Ｄ）步驟三改成置於同體積冷水中一段時間，反應速率會增加

答：A（詳解請見別冊的範例解析2-3）

 範例2-4

有甲、乙、丙和丁四杯體積均為100 ml的水溶液，其中兩杯為碳酸鈉溶液，另外兩杯為鹽酸，25 ℃時這四杯溶液的pH值如下圖所示：

已知鹽酸和碳酸鈉反應會產生二氧化碳，下列哪兩杯溶液混合後，產生二氧化碳的初始速率最慢？【105年會考試題第20題】

（Ａ）甲和丙　　（Ｂ）甲和丁

（C）乙和丙　　（D）乙和丁

答：C（詳解請見別冊的範例解析2-4）

 範例2-5

老師要求同學設計一個有關粉筆在水中浸泡時間與粉筆斷裂難易度關係的實驗，實驗方法為先將粉筆浸泡水中一段時間，再以相同的方法量出折斷粉筆所需要的最小外力。由下列選項的實驗紀錄表，推測何者的實驗設計最符合前述的實驗目的？【105年會考試題第21題】

(A)

實驗組別	一	二	三	四
粉筆顏色	白	白	白	白
浸泡時間（s）	20	40	60	80
粉筆長度（cm）	8	8	8	8
最小外力（kgw）				

(B)

實驗組別	一	二	三	四
粉筆顏色	白	紅	藍	黃
浸泡時間（s）	20	40	60	80
粉筆長度（cm）	5	6	7	8
最小外力（kgw）				

(C)

實驗組別	一	二	三	四
粉筆顏色	白	紅	藍	黃
浸泡時間（s）	20	20	20	20
粉筆長度（cm）	8	8	8	8
最小外力（kgw）				

(D)

實驗組別	一	二	三	四
粉筆顏色	紅	紅	紅	紅
浸泡時間（s）	40	40	40	40
粉筆長度（cm）	5	6	7	8
最小外力（kgw）				

答：A（詳解請見別冊的範例解析2-5）

範例2-6

下圖為阿謙進行實驗的步驟圖：假設實驗過程中，硫粉燃燒後產生的氣體沒有散失，則步驟四完成後，分別取其中一瓶溶液與其中一份大理石反應，反應初期何種組合其冒泡的速率最快？【106年會考試題第14題】

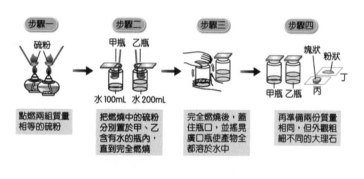

（A）甲瓶溶液和丙　　（B）甲瓶溶液和丁
（C）乙瓶溶液和丙　　（D）乙瓶溶液和丁

答：B（詳解請見別冊的範例解析2-6）

● **2. 考古題課本現形記：**

　　用上述方法將考古題整理成考題筆記之後，考生必須翻開課本，找到這個主題的內容，並以「考題關鍵字畫底線」的方式，將考點完全標示於書本上。如果遇到書本沒有的內容，要隨時在旁邊寫下補充。

這個做法可以讓書本內的重點與考題充分契合，能幫助再次記憶。

 ## 練習考古題的注意事項

1. 注意題幹訊息，選正確的選項與選錯誤的選項都是重要的考題關鍵詞。

2. 親自作答，作答完畢後不要急著看答案，要養成再次思考的習慣。

3. 對於正確的選項為何對，以及錯的選項究竟為何錯，都要追根究底如何改才正確，並整理成考題筆記。

4. 對於寫錯的題目，要弄清楚是否有迷思概念存在，並徹底弄懂。

5. **要將二次犯錯的題目做記號，並寫入錯題筆記。**

6. 對於寫錯的題目，要編入錯題筆記，**並自己根據題意與內容，再出一道類似題放入「類題筆記」。**

出類似題是一種很高層次的回饋學習，在108課綱的素養導向教學中，已經到達知識應用與評鑑的程度，值得學習與推廣。胡適說：「發表是吸收的利器。」發表的方式不外乎語言與文字，而文字便是讀書「四到」之一的「手到」。

練習出類似題考自己，是一種文字發表的做法，因為寫作發表是吸收知識和思想的絕妙方法。看來或聽來的知識思想，必須用自己的語言重新組織、申論、記述過，才可以算是自己的。但是，出類似題的目的主要不在考倒自己，否則會變成「累死題」，必須小心使用。

考古題應用的作法

做考古題時，可以充分應用下列方法：

1. 做標記：將難題、必考、不容易記的考題，分別做上不同標記，才能有效掌握解題和記憶的優先順序。

2. 製成錄音檔：將考試重點以口述方式做成錄音檔，讓自己在無法閱讀的場合、上下學的途中、前往圖書館的路程，都可以透過聆聽來增加印象。

3. 製作隨身筆記：把要背誦的內容製成小卡片，在搭捷運、公車或讀書的空檔，隨時拿出來背，透過反覆背誦加強記憶效果。

3 擬訂讀書策略，透過考試讓自己進步

脫穎而出要靠毅力，歷史永遠只留第一。在確立考試方向後，應該以享受考試的感覺為目標，建立自己的讀書系統，善用複習策略，統整三年所學，朝第一象限最大最好的右上方向，展翅飛去！

 讀書考試像比賽

準備會考就像是一場馬拉松比賽，不到終點不知道勝負。但是，唯一可以確定的是，拚了命都要第一個跑到終點。過程的艱辛只有考過的人才清楚，唯有堅持到底，才能挺過艱難的時刻，最後衝破成功的終點線。

在準備考試的讀書過程中，要練習以下幾個絕招：

1.設定精準目標：衡量自己的能力與未來志向，設定要報考的學校或科系。

2.知道距離多遠：了解自己的實力，知道輸別人多少，才知道要多麼努力。

3.落實讀書計劃：有計劃卻執行不嚴，與無計劃沒什麼不同。

4.善用考試技巧：比賽有戰術、讀書有策略，加上答題有技巧，最後就能達標。

 ## 靜下心來K書的方法

考試的重要關鍵是專注與投入，尤其必須靜下心來一步一步向前。**學會觀察近年的考題方向、解題技巧，輔以正確的讀書方法與答題技巧，再多吸收各方資訊，從中揣摩不同角度的觀點，才是上榜的準則。**以下是可以幫助你靜下心念書的心態與方法：

1.把書桌上對你有吸引力的東西收乾淨：有人說，要讓自己靜下心來念書很簡單，就是把網路關了、把電玩收起來、把手機交出去……。說得很有道理，但是不容易做到。因此，至少為自己製造一個適合讀書的環境，那就是**窗明几淨，桌上只擺著書本和必要的文具用品，是靜下心的第一步。**

2.堅定可以產生力量：考試的結果永遠不可預期，既然未來不可預期，就不必猜測、不要慌張，但是一定要把握現在。堅定你考試的決心、繼續努力，其他的交給上天。因此，不管外面的世界多麼紛擾，就讓他們去吵，你能做的便是持續擁抱單純的「讀書、考試、及第」。**堅定信念像撞球一樣，選對角度，然後保持既定的速度與節奏前進，最後終能產生撼動人心的無比力量。**

3.透過考試，尋找最好的自己：其實參加考試的人資質不會相差太多，結果有人上榜、有人落榜的關鍵因素之一是

心態。因此，必須保持正向的心態，不要患得患失。我**把每次考試當做是再次證明自己更上層樓的舞台，可以一直探尋最好的自己**，這是一股自我鞭策的無形力量。鄉下來的窮孩子往往只能靠考試，才有機會跟人家一較長短。

4.把考試當生活，樂在其中：有人說，要把讀書當職業，把考試當工作去經營，才會有成效。我認為這樣不夠，應該更高一層次：「**把讀書當志業，把考試當生活**」，才能創造完美人生，心態上較為積極主動。

找有經驗的老師與專家引導

有經驗的老師能傳授你「五美」：儀態之美、知識之美、技藝之美、品德之美與心靈之美。準備考試也能讓你每天貌美帥氣，只要有專家引導，就不會多走冤枉路。

學校裡有許多有經驗的考試輔導老師，尤其是**經常帶三年級會考的老師或是模擬考出題老師，更具有豐富經驗**。各位可以去探聽其他班級的優秀老師，並在下課後去請教，他們肯定很樂意分享自己的備考經驗。

吸取金榜題名過來人的經驗

如果你周遭有已考過會考的學長或學姊，一定不能放過他們的考試經驗與祕笈，包括「讀哪些書」、「如何規劃」、「何時做考古題」等。而且，當你真正上榜時，可以請教他們如何填志願，以及高中學校的現況，做為你選擇時的參考，真的是好處多多。有時候，學校會找過去考得很好

的學長姊回校分享，你一定要去聽，有機會就要發問。

善用補習班或家教班的資源

我不反對補習，但反對在學校不聽講，卻依賴在補習班學習。如果你認為在學校所學尚有不足，因此到補習班或家教班充實學習深度，就有值得肯定之處。

補習班和家教班往往有其附加價值，例如：考前猜題（通常需要費用）或模擬測驗。補習班或家教班老師通常訓練有素、經驗豐富，你可以從中知道許多考試資訊與注意事項，千萬別怕打擾他們，因為他們賺你的錢，你怎麼可以輕易放過！另外，補習班裡人人都想考上、鬥志高昂，更可以激發你「千萬不能輸給別人」的本能。

組成「慢威英雄聯盟」讀書會

前文提過可以組成慢威英雄聯盟，就是找你周遭也在拚會考的同學或朋友，互相分享資訊，彼此打氣鼓勵，增進考試動力。利用《秘密》這本書中提到的冥想法，想像自己是榜首，讓自己沉浸在成功的氛圍中，隨時激發奮鬥向上的心理特質。

讀書會成員最好是準備報考同一所學校，如此一來，革命情感更加綿密，平時可以分工合作，平均分擔蒐集考題、分析考題等工作，不但節省金錢，還能有更多屬於自己的時間。另外，練習考古題、做數學非選題或寫作測驗，也可以互相批改、互相找碴來截長補短。至於人數方面，太多人可

能會增加玩鬧氣氛，因此**成員三至五人最理想**。

 ## 啟動考前複習計劃，新舊學習並進

1.時間分配：調整好自己的讀書方法，並學習正確的讀書方法和習慣。強化自己對課業的分析、歸納與整合能力，以應付國三新舊課業的雙重壓力。你得按照自己或老師訂定的複習計劃確實執行，以最有效率的讀書方法，來準備大範圍的考試。**根據我的經驗，新知識的學習與舊知識的複習，採取 4：1 的比例最好。**就教育會考試題而言，國三課程的出題機率高且占分重，不能夠輕忽。

2.多練筆（寫作）：寫作測驗一般容易被忽略，複習時也不可少。而且，要從多方面入手，寫人、寫景、寫物、寫事、寫讀後感觀後感、縮寫、想像、寫信、看圖作文、發言稿、寫研究報告。總之，可選擇的主題相當多。**近幾年的會考當中，尤其以議論文出現的機率最高。**

4 從讀書地點到考試文具，一次解答疑問

準備考試要面面俱到，考慮得非常詳細。前面談論的規劃考試生活、練習考古題，以及新舊學習同時並進，是每位考生必須盡快遵循的備考方向。

此外，到哪裡讀書最好？如何解決難題？如何挑選考試文具？何時該念哪一科？如何分配作答時間？要不要看考場與有人陪考？對於這些問題，我打算在此逐一為各位解答。

 在哪裡讀書最好？

如果你問我到哪裡讀書最好？我會說，**哪裡最不自由，就到那裡去**。為何這樣說？

最舒適的讀書環境莫過於家裡，因為家裡最自由，隨便穿、隨便躺，想吃什麼翻開冰箱就有。但是，在這麼棒的環境裡一定讀不到書，原因很簡單，就是家裡有這麼多的選擇，而你從這些事情當中選擇讀書的機率，肯定比在圖書館之類的環境裡還要低。

所以，我認為要離開舒適自由的環境，到學校圖書館或公立圖書館讀書，那些地方既安靜又不能隨意談笑，一天讀下來會有明顯收穫。

1.學校圖書館：學校自設的圖書館的好處就是比較方便，而且現在不少學校圖書館都有社區共讀站的經費，得以重新裝修，環境變得更加美輪美奐，而且假日也開放，是頗為理想的讀書地點，唯一的缺點可能是容易遇到熟人。

2.公立圖書館：國立或市立圖書館一般占地較大，優點是不太會遇到熟人，而且找資料的來源比較多元，但缺點是位子難找且離家較遠。相較之下，區立圖書館或社區里民圖書館可能比較適合。

遇到難題如何解決？

讀書經常會遇到難題，以我的經驗，先思考一陣子，大概有一半的題目可以自己想方法解決。另外一半無論如何都想不到解題方法時，建議最好問老師，或是問該科的高手。這樣做的優點有：

1.省時省力不傷腦：不要糾結於一定要自己解出來，雖然自己解開會有成就感，但解不開時帶來的挫折感也不小，結果傷腦、傷身又費時，在考前時間就是金錢的狀況下，讓高手或老師救你一命吧！

2.學習高手思考歷程：其實遇到難題請教高手的深層意義，是學習他們的思考歷程與解題秘方。就怕高手不願教你，不然可是能免費學到解題策略，尤其從中與他們建立良好關係，真的是有百利而無一害。

考試文具如何挑選？

進入會考考場，需要準備的文具大致有2B鉛筆、藍筆、黑筆（最好是0.5mm的）、橡皮擦、圓規、直尺、三角板、桌墊、修正液（帶），還有准考證、2吋大頭貼、身分證件，預防准考證掉了能補發。

1.所有文具不得印有符號文字：根據全國性的會考試場規則，要自備會考文具，必要時可用透明墊板，所有文具不能有圖形或文字印刷在上面。其他非應試用品不可攜入試場，且不能在場內向他人借用。此外，以下兩項是經常被忽略的扣分項目：放墊板時不慎掀到試題，以及補習班文宣品不得帶入考場（因為上面多半印有補習班的廣告文字）。

2.非應試用品不得攜帶入場：非應試用品一律不准攜入試場，例如：教科書、參考書、補習班文宣品、計算紙、電子辭典、計算機、時鐘、鬧鐘、電子鐘、行動電話、呼叫器、收音機、多媒體播放器材（如MP3、MP4 等）、穿戴式裝置（如智慧型手錶、智慧手環等），以及其他具有傳輸、通訊、錄影、照相或計算功能的物品。

3.數學工具特別規定：可以攜帶三角板、直尺、圓規，但是不能攜帶量角器或者附有量角器功能的文具，如圖2-1所示。

4.違規記點：當有違規事項被監試委員發現時，若是國文、英語（無論閱讀或聽力）、數學、社會或自然科，記該科違規2點，每記一點扣總積分0.33分，若是寫作測驗則扣該科一級分。

▶▶ 圖2-1　不可攜帶的量角器與文具類型

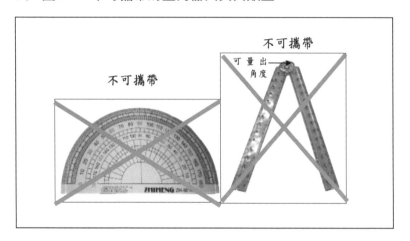

5.石墨鉛筆的規格：石墨鉛筆依照硬度與顏色濃淡，分為3個等級：B筆芯最軟，H最硬，F介於兩者之間。H前面的數字越大，表示鉛筆芯越硬、顏色越淡；B前面的數字越大，表示鉛筆芯顏色越濃、越黑。

6.橡皮擦的規格：許多橡皮擦上會有諸如2B、4B的字樣。一般來講，4B的橡皮擦能擦掉用4B、3B、2B等石墨鉛筆寫下的字跡，而2B橡皮很難擦淨4B鉛筆留下的字跡，這需要多加留意。

7.修正帶：好的修正帶必須出帶順暢、不斷帶、覆蓋能力強，還要帶芯粘度好，完美貼合不會翹，而且修正後顯得清晰乾淨，再細的筆寫上去都不會弄破。

8.其他注意事項：各項考試文具用品不能只準備一份，一定要有備份。筆要寫到最順，因此考生平常要練筆，還要練習劃卡技巧。

什麼時候該念什麼科目？

　　我在前面說過，用黃金時間讀分數貢獻度最大的科目，絕對是無庸置疑的。但是，**考前三個月的讀書時間要稍作調整，最好做到與考試時間同步**，何時考何科就念何科。

　　1.與會考各科的時間同步：以2019年（108年）教育會考各科考試時間表為例（如圖2-2），考前三個月就要配合

▶▶ **圖2-2　2019教育會考考試時間表**

	5月18日（星期六）		5月19日（星期日）	
上午	🔔 8:20～8:30	考試說明	🔔 8:20～8:30	考試說明
	🔔 8:30～9:40	社　　會	🔔 8:30～9:40	自　　然
	9:40～10:20	休　　息	9:40～10:20	休　　息
	🔔 10:20～10:30	考試說明	🔔 10:20～10:30	考試說明
	🔔 10:30～11:50	數　　學	🔔 10:30～11:30	英語（閱讀）
			11:30～12:00	休　　息
			🔔 12:00～12:05	考試說明
			🔔 12:05～12:30	英語（聽力）
下午	🔔 13:40～13:50	考試說明		
	🔔 13:50～15:00	國　　文		
	15:00～15:40	休　　息		
	🔔 15:40～15:50	考試說明		
	🔔 15:50～16:40	寫作測驗		

會考科目的時間念書，早上10點半左右要算數學或是寫英語閱讀測驗的題目。

2.每科每天規劃20分鐘接觸：羽球球后戴姿穎說：「打球靠球感」，解題當然也需要題感。題感和球感一樣，必須時時接觸、天天溫習，才能保持熟悉。因此，考前3個月至少每天每科規劃20分鐘做題目，以便維持解題的手感。

 ## 作答時間如何分配？

會考作答時間的分配實在是見仁見智，**重點在於能夠寫完所有題目，最好還有時間檢查**。以數學科為例，80分鐘的考試時間包括26題選擇題與2題非選擇題，選擇題與非選擇題的時間分配大概是70分鐘與10分鐘。關於各科作答時間，用考試時間除以總題數，計算出每題作答時間，列在第126頁的表2-1。

● 1. 數學加權分數

數學科加權分數是以「非選擇題分數占總測驗分數15%」來計算，數學科整體能力的加權分數公式是：（選擇題答對題數／選擇題總題數）×85＋（非選擇題得分／非選擇題總分）×15。

由此可換算出，選擇題一題貢獻加權分數是（1／26）×85＝3.27，非選題一題貢獻加權分數是（3／6）×15＝7.515＝7.5。再搭配作答時間來考量，會發現**非選擇題貢獻度為選擇題的2倍，每題作答時間也近2倍，所以兩者每題投報率相當接近**。

▶▶ 表2-1　各科每題作答時間

科目		考試時間（分）	總題數	每題作答時間（分）
國文		70	48	1.46
英語閱讀		60	41	1.46
英語聽力		25	21	1.19
數學	選擇題	70	26	2.69
	非選題	10	2	5
自然		70	54	1.30
社會		70	63	1.11
寫作測驗		50	1	50

● **2. 英語加權分數**

英語科加權分數是以「聽力占20%、閱讀占80%」來計算，英語科整體能力的加權分數公式是：（聽力答對題數／聽力總題數）×20＋（閱讀答對題數／閱讀總題數）×80。

由此可換算出，英語閱讀一題貢獻加權分數是（1／41）×80＝1.95，英語聽力一題貢獻加權分數是（1／21）×20＝0.95。再搭配作答時間來考量，會發現**英語閱讀題貢獻度為英語聽力題的2倍**，而兩者的每題作答時間相近，所以英語閱讀每題投報率比較高。

● 3. 國文、自然、社會原始分數

　　根據這2、3年的國文科、社會科、自然科能力等級加標示與答對題數對照表,國文A等級以上必須答對41-42題,自然A等級以上必須答對46-49題,社會A等級以上必須答對56-58題。所以,**國文、自然、社會這三科幾乎每題作答時間接近,每題貢獻度也差不多。**

● 4. 平常的練習等同會考本身

　　計算每科每題作答時間,不懂能計算出上述的貢獻度,以便在做題目時先做貢獻度較高的題型,而且可以在平日練習時,模擬與會考「同步」,最好考試時間和題數也相同。如果有人可以幫忙確認,題目難度是與會考相當或是更難一些,那就更好了。

5 「流暢思緒法」讓大腦專注敏銳，解題無阻礙

　　保持頭腦靈活能促使考試效能加倍，而想要讓頭腦保持靈活，必須在考試過程中擁有「學習腦波」。心理學家齊克森・米哈里提出「心流經驗」（flow experience）的概念，並指出許多有創造力與高成就的人自小就擁有心流經驗。

　　心流經驗是一種專注投入、樂在其中且渾然忘我，最後產生純粹樂趣的愉悅經驗。最佳的考試經驗要像運動選手超越自己的高峰一樣，享受純粹的幸福感受。以下探討如何在考試過程中，努力追求這樣的心流經驗。

穩定軍心思維

　　任何考試都是體力、腦力、手力、筆力的挑戰和比賽。因此，要將體力最滿、腦力最新、手力最強、筆力最充足的第一個答題，獻給最熟悉或占分最多的題目。翻開考卷後，要快速掃描各題，**找出最有把握的題目，並優先回答**，如果有把握的題目不只一題，請以占分多寡來決定先後順序。

　　所以，**不一定要從第一題開始按照順序寫**。根據經驗，第一個答題寫得很順之後，軍心穩定了，肌肉會放鬆，頭腦更輕鬆有彈性，思路更廣更通暢，如此一來，即使對後面幾

題不太有把握，也能從容應變，表現出最佳的答題狀態。

 ## 利用Zone境界，找到靈感與記憶

在腦科學中，人類進入完全專注的狀態，而高度發揮出潛能的境界，被稱為「Zone境界」。也就是說，**當腦部進入Zone，就會不知不覺地發揮驚人實力**。

舉例來說，奧運游泳金牌、美國「飛魚」菲爾普斯每當身處大型賽事，便會「進入Zone狀態」（getting into the zone）。菲爾普斯說：「當身體穿入水中剎那，我的頭腦隨即放空、大腦停轉，專注於自己與水的交融互動，進入自動駕駛的狀態，於是越游越輕鬆愉快，表現也越來越好。」

因此，考試時不要一直想結果，而要充分享受與考題接觸時的Zone境界，最後就會有令人驚奇的結果。這就是腦部的神奇力量！其實每個人都擁有這種力量，只是不知道如何發揮到極致。以下2個方法能幫助你快速進入Zone境界：

1. 視心若鏡，晶澈澄明：運用自我暗示法，讓自己的心像鏡子一樣，混亂的思緒便可以平靜下來，寫題目的腦會專注清澈。經過不斷訓練，身心就可以安定，並且變得明朗、敏銳。到了相當程度後，甚至會樂在其中、渾然忘我。

2. 正面能量，難度適中：打從心底告訴自己，任何考試都是一種難易度適中的任務。當挑戰（考試）結束，會有立即的回饋（上榜的喜悅），這種正面能量的增強效果可以帶來滿足與成就感，引人再次投入。前面我說的「把讀書當志業，把考試當生活」，就是這種境界。

如何避免粗心與避開陷阱

1. 不斷提醒自己：想避免粗心，最好的方法是在考前告訴自己不要粗心。作答時，默唸題目的每個字，如果時間夠充裕，多看一、兩次也好，以確保不會看錯題目。

2. 考前多加練習：考試時之所以容易計算錯誤或粗心大意，基本上都是因為題目練習得不夠多。多做題目可以減少這方面的錯誤，而且經常練習之後，看到同類型的題目很快就可以反應過來，不會花太多時間去思考如何解題。尤其多做大範圍的模擬考卷以適應大考情境，是很有效的。

3. 記得驗算檢查：如果題目簡單，要注意有沒有陷阱，當然難題也可能埋下誘答選項，千萬不能大意。因此，除了按照前文計算的每科每題作答時間去答題之外，最好也能預留時間進行驗算與檢查。

4. 養成細心習慣：從平常練習題目就養成細心的習慣，注意小細節，**讓謹慎小心成為考試的自然反應**，這是避免粗心和避開陷阱最有效的方法。

 ## 確保弱科的基本分數

許多考生都誤以為，教育會考越接近，就越應該鞏固自己的優勢科目，乾脆放棄自己的弱勢科目，於是花費大量時間去保持優勢學科，結果分數沒有提高多少。

其實這個道理很簡單，優勢科目從90分增加10分到100分所花費的時間和精力，與弱勢科目從60分增加10分到70分相比，前者一定比後者困難很多。這是因為前者的10分是從

高難度題目上取分，而後者只是向中等難度題目拿分。

因此，最明智的方法是在有限的複習時間下，一定要合理利用時間，**多花一些時間向弱勢學科要分數，至少保障基本分數**（大約都占70%），這是提升考試分數最可靠的途徑，方法如下：

1. 目光轉移，確保基本分數：放棄弱勢學科高難度題目，將眼光放在一定要拿到基礎與中等題目的分數。把節省下來的時間，用來處理其他優勢科目的較高難度題目。

2. 一本主義，熟練課本內容：學習的科目之所以是弱科，根本原因在於知識掌握程度不足。因此，我建議**弱科一本主義，只要讀一本課本就夠了**，把課本內容讀到滾瓜爛熟，基本分數就跑不掉了。

3. 針對錯題，一直反覆練習：以前寫錯的題目都是自己概念混淆之處，要將它們整理成錯題筆記，並且拿出來重新演練，直到熟練為止。

4. 解決疑問，打開得分之鑰：逼近考試時，如果遇到一道題目無法在10分鐘內解決，就尋求協助吧！如同我前面說的，這時候得分比解題的成就感還要重要，可以看一下參考答案，或是直接請教老師或高手。

善用「θ腦電波」讓自己打個盹

人在精神集中且腦部放鬆時，經常會一頭栽進正在做的事，甚至到達忘我的境地，是學習與思考的最佳腦波狀態，被稱為 α 波。人在半醒半睡之間，身體深層放鬆，可以觸發

深層記憶，強化長期記憶，此時的腦波狀態稱為 θ 波。

　　因此，讀書累了想睡覺，或者在考試科目與科目**中間的休息時間，不要一直看書，一定要打盹一下**，讓大腦進入 θ 波，有助於深層記憶書本內容，激發更多答題靈感。α 波與 θ 波的比較如表2-2。

▶▶ 表2-2　讀書與考試必須掌握的2種腦電波

波別	α波（阿爾發波）	θ波（西塔波）
速度	安定波	慢波
頻率	8HZ-14HZ（每秒8~14次）	4HZ-7HZ（每秒4~7次）
特性	1. 腦部獲得較高能量，運作快速、順暢、敏銳，是學習與思考的最佳狀態。 2. 俗稱輕鬆腦波，又稱創意腦波。 3. 高免疫狀態，分泌腦內嗎啡，有自癒能力。	1. 身體深層放鬆，可以觸發深層記憶，強化長期記憶。 2. 俗稱打盹腦波，能讓人靈感大發。
狀態	精神集中而放鬆時	半醒半睡之間

6 學霸的「選擇題」搶分絕招：各個科目

　　教育會考中最多的題型是單選題，大學學測與指考才有複選題。在單選題上得到分數的情況有2種，第1種是對題目有把握，自然選對答案，第2種是對題目沒把握，甚至完全不會，但最後猜到答案。

　　然而，重點是只要答案對，不論你是否真的會解題，最後得到的分數都是一樣。因此，**選擇題的猜題技術很重要**（我不是教你投機取巧，而是教你用盡所有方法爭取高分，這是每個考生的期望）。

　　面對不會的題目一定要猜題，因為**教育會考的答錯沒有倒扣，猜錯沒有任何損失**。關於猜題或解題如何提高答對率，我提供以下幾種方法。

圈出重點字詞

　　當解答選擇題時，不論題目長短，都要將關鍵的重點字詞圈出來，可以幫助自己專心，並穩定考試心情。最重要的是，關鍵字詞通常是解題線索與思考的依據。

　　例如：在下面題目中，圈完關鍵字後，答案就呼之欲出，因為關鍵字「引進外勞」一定是跟人力短缺有關，而只

有選項C與人有關，因此本題答案是C。

近年來我國政府審慎評估「農村**引進**農業**外勞**」的可行性，研擬該政策最主要是為了因應下列哪一項台灣農業特色？【108年教育會考社會科第2題】
（A）農作種類多樣 （B）農業耕地狹小
（C）農村人力老化 （D）農產品商品化

 題幹的敘述陷阱

在選擇題中，選項之外的問題敘述部分稱為「題幹」。在題幹中經常會看到「下列何者為非」、「不是」、「不正確」、「不包括在內」、「不包含」等否定性的字眼，你作答時要將這些部份圈起來，提醒自己不要選擇肯定性的答案。

例如：在下面題目中，題幹有點長，一直到最後才出現「不包含」這個字眼，考生如果沒注意到，就會選擇有包含的答案。本題答案是B。

有位作家曾說：「現代的年輕人都不會寫作，他們寫的小說千篇一律都是『兩個面貌模糊的人，在一個空曠的地方對話』。」根據這段文字，現代年輕人寫小說的缺點，**不包含**下列何者？【108年教育會考國文

科第14題】
（A）寫作手法過於單調
（B）均以第一人稱的觀點表述
（C）小說人物缺乏性格及特色
（D）欠缺場景描繪與氣氛的營造

 題幹的答案線索

題幹除了提供解題所需資料之外，在文字中出現的時間、人物、想法、語境、情境及遣辭用句等，很可能暗示答題線索。

下面題目是在考生物的無性生殖，我們一起練習看看。「部分組織」要變成新植株的「全部組織」，鐵定只有細胞分裂，因此本題答案是B。

小玲取了某株植物的**部分組織**，放入培養基中進行繁殖，有關以此方式繁殖出的新植株，下列敘述何者最合理？【108年教育會考自然科第6題】
（A）是由原植株的細胞經減數分裂產生
（B）是由原植株的細胞經細胞分裂產生
（C）新植株細胞內的基因為原植株細胞的一半
（D）新植株細胞內的染色體為原植株細胞的一半

選項的答案線索

單選題不可能有2個（或以上）的答案，因此在選項之間，如果出現2個或2個以上同義、重複、相似、包含或從屬關係的選項，可以立刻刪除，這稱為「刪去法」。這種情況也可說是選項提供的猜題線索。

例如：在下面題目中，A、B這2個選項都提到「有罪」這個字眼，與「無罪推定」的原意不合，可以直接刪除。本題答案是C，因為D已遭處罰金而確定有罪。

公民老師在課堂上講述「無罪推定原則」時，請同學舉出例子加以說明，下列何者的舉例最適當？【108年教育會考社會科第28題】

（A）甲：「小偉因闖紅燈遭處罰鍰，所以他是有罪的。」

（B）乙：「花花因涉嫌殺人遭警察逮捕，所以她是有罪的。」

（C）丙：「大雄雖因恐嚇鄰居遭起訴，但仍不能認定他有罪。」

（D）丁：「阿娟雖因辱罵他人遭處罰金，但仍不能認定她有罪。」

此外，當然有可能所有選項都各自獨立，沒有任何相關，這時候你可以從題幹與選項的線索做綜合判斷，將你認

為較不可能的選項至少刪去2個，於是二選一的答對機率就比較高。

例如：在下面題目中，從題幹的2x乘上3x，就知道結果必然有$6x^2$，因此可以立刻刪除選項A、B。只剩下選項C、D，答對機率就有一半。本題可說是簡單題，答案是D。

計算（2x－3）（3x＋4）的結果，與下列哪一個式子相同？【108年教育會考數學科第3題】

（A）－7x＋4　　（B）－7x－12

（C）$6x^2$－12　　（D）$6x^2$－x－12

 ## 選項的敘述屬性

● **1. 極端用詞**

如果選項中出現「絕對是」、「絕對不是」、「一定是」、「一定不是」、「最」等極端用詞，通常不是正確答案。例如：在下面題目中，選項D出現極端用詞「最好的」，應該不是正確答案。果然本題正解為C。

趙簡子問於壯馳茲曰：「東方之士孰為愈？」壯馳茲曰：「敢賀！」簡子曰：「未應吾問，何賀？」對曰：「臣聞之：國家將興也，君子自以為不足；其亡也，若有餘。今子任晉國之政，而問及小人，又求賢

人，吾是以賀。」根據這段文字，趙簡子之所以得到壯馳茲的祝賀，其原因最可能是下列何者？【108年教育會考國文科第27題】

（A）取得晉國執政權

（B）能明辨小人與賢人

（C）具備禮賢下士的態度

（D）已找到東方**最好的**謀士

● **2. 條件語句**

如果選項中出現「若……仍可……」、「如果……則……」、「除非……否則……」等條件語句，通常是敘述正確的選項。

例如：在下面題目中，選項A「交往若帶有目的，就不是真正的友誼」屬於條件語句，應該是敘述正確的選項。答案果真就是A。

英國詩人赫巴德說：「彼此無所求的朋友，才可能是真正的朋友。」這句話的涵義與下列何者最接近？【108年教育會考國文科第2題】

（A）交往**若**帶有目的，就不是真正的友誼

（B）在朋友困難時伸出援手，才能得到回報

（C）想獲得朋友，須自己先成為值得結交的人

（D）人生有許多事不能獨自完成，可知友誼的重要

● 3. 選項敘述越冗長越詳細

如果選項又臭又長，表示出題老師必須詳細地寫出所有條件，深怕有遺漏而被認為是錯誤答案，因此這種又長又細的選項通常正確機率很高。例如：在下面題目中，選項C、D的敘述特別長，結果答案是D。

> 近年來醫療機構中醫護人員遭攻擊的暴力事件頻傳，不但嚴重干擾醫療行為的進行，還危及醫護人員的人身安全，因此醫護團體推動相關修法，將這種暴力行為的追究改為非告訴乃論，以遏止此類事件發生。根據上述內容判斷，下列何者正確？【108年教育會考社會科第27題】
>
> （A）文中團體的類型屬《人民團體法》中的政治團體
>
> （B）文中團體若想要達成目的，應向立法院進行訴願
>
> （C）修法通過後，相關法律條文將交由行政院院長公布施行
>
> （D）修法通過後，醫護人員同意和解也不會停止檢察官偵查

● 4. 原理原則或通識：

選項的敘述越貼近基本的原理、原則、常識或通識，通常正確機率也很高。例如：從下面題目的敘述，可以知道這是在談呼氣，應該是肺漸變小、橫膈上升、肋骨下降、胸腔變小。選項中只有B與呼氣有關，因此本題答案是B。

當人體呼吸系統內氣體由肺泡往支氣管、氣管移動，此時進行呼吸運動的相關構造之變化，下列何者最合理？【108年教育會考自然科第19題】

（A）肺漸變大　　（B）橫膈上升

（C）胸腔變大　　（D）肋骨上舉

 猜題策略（思考出題用意）

對於眼前的題目，如果上述的各種方法都派不上用場，而且你真的不會，那麼可以想像出題委員出這一題的用意為何。

例如：在下面題目中，從題幹特別以「新竹縣及縣內的竹北市」為例，可以發現出題老師是要考「縣轄市」的相關概念，縣轄市的地方民意代表就是市民代表，以及向上一層的縣議員，因此正確答案是D。

新聞報導：**新竹縣**及縣內的**竹北市**人口成長快速，若照目前的增長速度推估，到了2018年底舉辦地方選舉時，依據相關法律的規定，**竹北市**選民所能選出的地方民意代表席次，都各將增加一席。上述報導中所指稱的地方民意代表，應為下列哪一組合？【108年教育會考社會科第40題】

（A）市議員、立法委員　　（B）縣議員、立法委員
（C）市議員、市民代表　　（D）縣議員、市民代表

這一節談論的各種方法，並非要你只注意關鍵字。雖然關鍵字是解題之鑰，但你必須仔細看清楚每一句話，才不會誤入陷阱，讓本來可以得分的題目因為粗心而失分。若真是發生這樣的事，你心裡必定很嘔。

雖然單選題的答題技巧很多，但再多的技巧都只是輔助，正規之途還是多做考古題、累積經驗，以便快速抓到考點。而且，要訓練自己做到快、狠、準，因為考試時間有限、題目又多（比方說，在社會科70分鐘內最多要做完63題），必須充分準備到答題熟練度極高，才能在考場上勢如破竹。

7 學霸的「非選擇題」搶分絕招：數學與國文

　　教育會考的非選擇題部分，大致包括數學非選擇題與國語文寫作測驗。其中，數學非選擇題接近傳統的計算證明題，而國語文寫作測驗類似國語作文，但不是傳統的命題作文。這兩種非選題的答題技巧各有訣竅，說明如下：

數學非選擇題答題技巧

　　在適用108課綱的111年教育會考數學科參考試題本中，可以看到非選擇題第1題的內容與評分標準（圖2-3）。

　　這個密密麻麻的評分標準，或許讓各位看得頭昏眼花。我統整歸納後，發現重點是：列式正確、計算過程、答案正確。符合一個便是一級分，符合三個就是三級分滿分。但是，**若只有答案正確，沒有列式和計算過程，就不給分。**

　　第144頁的圖2-4是三級分、二級分、一級分的樣卷案例，各位可以從中了解評分老師如何打分數。數學非選擇題很重視解題的思考過程，考生想拿到全部的分數，列式、計算、答案三者缺一不可。因此，**不管對題目有沒有把握，一定要盡量寫，有寫就有得分的希望，完全空白一定是零級分。**

▶▶ **圖2-3　數學非選擇題的試題內容與評分指引案例**

下圖為某廠牌推出的巧克力口味與原味的罐裝燕麥片產品包裝營養標示,每罐皆附贈同一種湯匙,每匙恰可盛裝5公克的燕麥片:

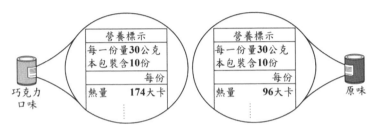

請回答下列問題:

(1)請分別計算巧克力口味、原味的罐裝燕麥片每匙的熱量。

(2)承(1),菲菲原本早餐都吃10匙巧克力口味的燕麥片,因為吃不飽,打算改吃12匙,並希望不超過原本的熱量,所以決定搭配原味的燕麥片混合著吃。請判斷改變後菲菲每天早餐**最多**可以吃多少匙**巧克力口味**的燕麥片?請完整寫出你的解題過程,並求出答案。

〈評分指引〉**依據評分規準,此題評分指引如下:**

級分	評分指引
三級分	1. 正確利用巧克力與原味每匙熱量、熱量限制與混合後總熱量,列出正確的關係式,求解過程大致完整,且結論大致正確。 2. 正確利用巧克力與原味每匙熱量,列舉混合後總熱量來與熱量限制比較,列舉的組合足夠推導出結論,且結論大致正確。

	1. 正確利用巧克力與原味每匙熱量、熱量限制與混合後總熱量，列出正確的關係式，僅呈現部分求解過程或大致正確的結論。 2. 利用巧克力與原味每匙熱量、熱量限制與混合後總熱量，列出合理的關係式，並呈現合理的求解過程。 3. 正確利用巧克力與原味每匙熱量，列舉混合後總熱量來與熱量限制比較，結論大致正確，但列舉的組合不足以推導出該結論。 4. 利用巧克力與原味每匙熱量，列舉混合後總熱量來與熱量限制比較並得出正確或合理結論，但過程中出現錯誤。
二級分	
一級分	1. 能根據題意合理轉化解題要素，但未達二級分標準。
零級分	1. 只有答案或與題目無關。 2. 策略模糊不清或錯誤。

▶▶ 圖2-4 一至三級分的樣卷案例

第1題 — 一級分樣卷說明

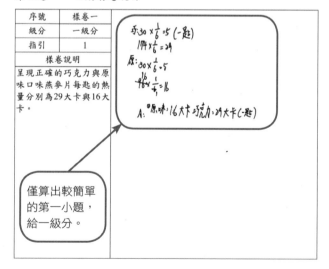

序號	樣卷一
級分	一級分
指引	1
樣卷說明	
呈現正確的巧克力與原味口味燕麥片每匙的熱量分別為29大卡與16大卡。	

僅算出較簡單的第一小題，給一級分。

第1題 — 二級分樣卷說明

序號	樣卷一
級分	二級分
指引	1
樣卷說明	

<table>
<tr><td colspan="2">正確利用巧克力與原味每匙熱量、熱量限制與混合後總熱量，列出正確的關係式，僅呈現部分求解過程。</td></tr>
</table>

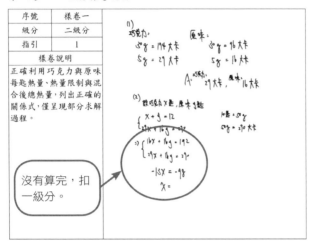

沒有算完，扣一級分。

第1題 — 三級分樣卷說明

序號	樣卷一
級分	三級分
指引	1
樣卷說明	

<table>
<tr><td colspan="2">正確利用巧克力與原味每匙熱量、熱量限制與混合後總熱量列出正確的關係式，求解過程完整，且結論正確。</td></tr>
</table>

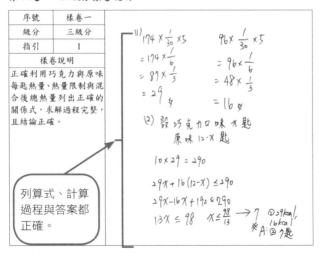

列算式、計算過程與答案都正確。

國語文寫作測驗答題技巧

隨著國文非選擇題命題的多元化與活潑化，傳統「一篇定江山」的命題作文幾乎已走進歷史。尤其2002年考選部正式提出「限制式寫作」的名稱後，國家考試的命題方向也如此發展。

也就是說，學測、指考、統測、教育會考的國文非選擇題方向，大致上都變成看圖作文、看表分析、價值判斷、情境模擬等類型，需要擴寫、縮寫、改換人稱、局部更動等寫作技巧。

台灣從2006年開始試辦國中寫作測驗，並從2007年正式列為登記分發入學、甄選入學或申請入學的門檻。連美國高中生進入大學必考的SAT（學業性向測驗），也從2005年3月起加考作文。因此，寫作能力已經是舉世公認的重要關鍵能力。

未來要培養這樣的能力，平常可以多練習看圖說故事，培養說故事的能力，甚至學習連環漫畫寫作的基本能力與素養，才能夠在寫作測驗獲得高分。

《未來在等待的人才》提及的六項關鍵能力，包括了重設計、說故事、會整合、有關懷、懂玩樂、重意義，擁有這六種能力的人才終將脫穎而出。由此可見，寫作測驗所需的技巧與未來人才的能力，簡直有異曲同工之妙。

1.重設計：答題的版面配置與文字書寫，要清爽有層次。能掌握版面設計的技巧，吸引閱卷委員想要看下去。

2.說故事：運用感性的故事舉例，容易觸動人心。

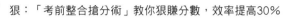

3.會整合：將所學所知分析整合，有組織有系統地躍然在答案紙上。

4.有關懷：內容可以融入許多社會時事的議題，讓答題展現對人與社會的無限關懷。

5.懂玩樂：不是要你寫去哪兒玩才會快樂，而是要以玩樂為寓意，擁有開放的心、輕鬆的腦、靈巧的手、飛快的筆。把未來人才的六種能力與考試答題技巧完美結合，便是懂玩樂的最佳示範。

6.重意義：內容不能無病呻吟，更不能天花亂墜，必須重視「有情感、有內涵、有見地」的深層意義。**寫作測驗內容的寫法，要創作出美感、獨特或令閱卷委員感動的作品。**

下面舉108年寫作測驗為例，提出心測中心公告的六級分樣卷（如第148頁的圖2-5），讓各位考生學習參考。

▶▶ 圖2-5　108年國文寫作測驗與六級分樣卷案例

請先閱讀以下資訊，並按題意要求完成一篇文章：

若參考上述「青銀共居」的事例，思考高齡化社會的相關議題，你對年輕人與銀髮族的互動或相處模式，有什麼期待？請就你與年長者的相處經驗，或生活周遭的觀察，表達你的感受或看法。

【六級分模卷暨樣卷說明之三（正面）】

老人與青年存著一種相當微妙的關係，就海水也常在天上扁負著穹頂的重量，而白雲徜徉桑田的世界，遠兩個世代看來毫不相似，而白雲徜桑田的世。地表靜靜飄流，而這也使我由核心家庭組成，而我也是。現代社會結構多由核心家庭組成，也都十分想念，而我也甚至是。一直到這次，我們才微微的。足無措的疏離。禍傳上疏離。中一員，現在想過。直到這次，又一次回老家，又。然而一種貨車回抱想。即便煩地跟父母抱想。不耐煩地跟父母抱想。一郎煩地跟父母。覺一下就了！。好！我拖著外婆。到處看看！。們覺一下就了！。驚喜地指延。藍柳了卻徒勞無功。可能是親戚們討論著。得十分熱絡，對這過程代們表近的投資狀況。而外婆的而言，外公的論點雖有許已隨時代變遷而。章節的我而言，外公的論點雖有許已隨時代變遷。

【六級分模卷暨樣卷說明之三（反面）】

不過，但大都屬鷹提綱挈領，更令親戚們歡呼。「爸，哩，有影哦！」相較於今日的步調遠遠。以矯揉造作之過去的壞物，住著更能啊哩地面對一切，相較於今日。錬素處之過去的壞物，在若許多。於今日暗急焉過去。贏弱懶散，必能縱今日旅程的美好風景。愛弱處之。於今日旅程的美好風景。「試想當你推開了門。空中就如海水之於白雲一般時代。奧青年或將要扛起一個時代。實乃就如海水之於白雲一般，我們都會扛起一。時代，我將要扛起一個時代。老人。

149

第3彈

準:「會考攻略法」包你精準答題,速度快1倍

國文科素養導向命題與答題秘招

　　第三彈介紹攸關升學的教育會考，108課綱素養導向命題強調生活上的應用，考題越來越靈活多變，因此了解各科命題方向並學會答題技巧非常重要。

　　接下來，根據國家教育研究院公布的「111年教育會考試題評量目標說明」，與12年國教課綱實施後的參考試題，將國文、英語、數學、社會、自然5個科目，分成考題素材、生活情境、圖表資料、跨域知識、答題秘招5個面向，介紹命題的方向與形式，提供如何準備與獲取資訊的方法。

　　教育會考國文科主要評量「基本語文能力」，強調國文素養在生活中的應用與實踐，出題重視語文知識、文意理解、文章評鑑。

考題素材

● 1. 多元的內容

　　國文科試題會出現跨領域、與十二年國教課綱19項議題有關的素材，評量閱讀理解能力。例如：環境教育、性別平等教育、西洋史素材、科普素材、原住民族教育等。取材內容相當多元，以109年教育會考為例，包括了熱衰竭與中暑

比較、宋朝宴客座位圖、林懷民談燈光、個資法的規範與應用、媒體新聞查核、蘋果執行長庫克演講稿等。

下面範例3-1的題目**在考個資法，乍看會以為是社會科考題。建議從題幹的敘述擷取資訊，加以理解與推論，再從選項中挑出答案**。各位可以嘗試做做看，解答放在書末別冊中，避免解題時受到干擾。

 範例3-1

「『個人資料保護法』強調，須經當事人同意才能蒐集與處理其個資，而且僅能用於特定目的。眾人為使用地圖導航或方便聯繫，只能同意交付行蹤與通訊內容給Google或LINE這些資訊服務業者，若不同意就不能使用服務。然而，業者也因此得以持續使用源源不絕的個資。」根據這段文字，下列關於個資蒐集或處理的敘述，何者最恰當？【109年教育會考國文科單選題第14題】

（A）使用者交付行蹤與通訊內容是為了讓業者蒐集個資

（B）Google與LINE的安全機制可以有效防止個資外流

（C）「當事人同意」及「用於特定目的」讓業者可合法處理個資

（D）「個人資料保護法」規定若不同意交付個資就不能使用服務

答：C（詳解請見別冊的範例解析3-1）

以下範例3-2的題目是**生活環境地形地貌的觀察題，激發學生注意與了解周遭環境**，這是環境教育關心的課題。

 範例3-2

藍水溪是青水溪最大的支流，它有三條支流，最大支流瓦里蘭溪發源自初雲風景區，上、下游海拔落差達1500公尺，由東向西行，沿路形成乾坤峽谷等特殊景點，溪水來到日月鎮光明里，匯進藍水溪。另兩條支流皆發源於高土山北麓，在依蘇坪相匯。洛瑪颱風之後，沿瓦里蘭溪河谷，多處著名觀光景點被強大洪水更動了原貌，著名的乾坤峽谷也被沖毀變形。

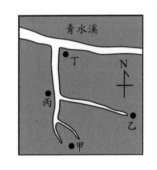

右圖顯示藍水溪及其支流的位置。根據上述文字，圖中甲～丁的標示何者正確？【108年教育會考國文科單選第20題】

（A）甲：初雲風景區　　（B）乙：高土山
（C）丙：光明里　　　　（D）丁：依蘇坪

答：C（詳解請見別冊的範例解析3-2）

● 2. 多元的形式

　　國文科的文章形式包括了記敘文、抒情文、議論文、說明文等，也會有圖形與表格。下面範例3-3的題目改寫蕭統〈陶淵明集序〉，用語精鍊，**以選擇題來說，篇幅較長，屬於複雜的文章。考生必須掌握關鍵字，先看選項問什麼，再從文章中找線索。**

 範例3-3

　　有疑陶淵明詩篇篇有酒，吾觀其意不在酒，亦寄酒為跡者也。其文章不群，辭采精拔，跌宕昭彰，獨超眾類，抑揚爽朗，莫之與京1。橫素波而傍流，干青雲而直上。語時事則指而可想，論懷抱則曠而且真。加以貞志不休，安道苦節，不以躬耕為恥，不以無財為病。自非大賢篤志，孰能如此乎？余愛嗜其文，不能釋手，尚想其德，恨不同時。

　　　　　　　　　　——改寫自蕭統〈陶淵明集序〉

> 📖 1.莫之與「京」：齊等

根據本文，下列句意説明何者正確？【111年教育會考國文科參考試題本第45題】

（A）亦寄酒為跡者也——有酒之處必有陶淵明蹤跡

（B）抑揚爽朗，莫之與京——文章起伏跌宕、清朗
　　　通達，無人能及*

（C）干青雲而直上——志向遠大，在仕途上也曾飛
　　　黃騰達

（D）尚想其德，恨不同時 —— 感嘆自己德行高潔卻生不逢時

答：B（詳解請見別冊的範例解析3-3）

多元素材取得與準備方法

1.國文科的重點是文言文：文言文往往是國文科決勝負的題目，想要拿高分就不能放棄。以107~109年教育會考國文科為例，總考題48題中，文言文占了13至15題，也就是三分之一左右。準備文言文時，首先要注意各版本教科書都有的「A級文言選文」，這些課文是教育會考的首選，因為以它們為出處才不會有偏袒某家出版社的危險。而且，這些課文經歷幾次課程改革後還能留下，當然是重點中的重點。

我將其中重要的幾課列在下面：劉義慶〈世說新語選〉、周敦頤〈愛蓮說〉、孔子及弟子〈論語選〉、張繼〈楓橋夜泊〉、沈復〈兒時記趣〉、吳敬梓〈王冕的少年時代〉、作者不詳〈木蘭詩〉、胡適〈差不多先生傳〉、吳均〈與宋元思書〉、鄭板橋〈寄弟墨書〉、司馬遷〈張釋之執法〉、陶淵明〈五柳先生傳〉、馬致遠〈天淨沙〉

2.必看古文：《古文觀止》、《文史典故》有「古文雙書」的稱號，是練習古文的兩本重要書籍。《古文觀止》的文章比較複雜且困難，各位參考即可。《文史

典故》比較適合國高中生閱讀，尤其《教育部頒定高中核心古文30篇》是文言文的精華，更是出題重點。如果沒時間鑽研古文，至少要將課本出現的文言文反覆精讀，考試才能順心如意。

3.議題融入是重要趨勢：要多注意十二年國教的19個議題，包括4項出題機率最高的議題：性別平等、人權、環境、海洋，以及15個出題機率較低的議題：品德、生命、法治、科技、資訊、能源、安全、防災、家庭教育、生涯規劃、多元文化、閱讀素養、戶外教育、國際教育、原住民族教育。

如果想深入了解，可以參考教育部出版的《十二年國教課綱——議題說明手冊》，掃描右方QR Code即可下載：

4.閱讀多元類型的文章：蒐集日常生活中的各類文章，並分類閱讀，可以增強閱讀速度與理解能力。例如：報紙的副刊、雜誌的專題報導、網路文章（像是FB、LINE）、文學作品（散文、小說、新詩、古詩文）、報導文學、雜文等。

5.善用閱讀理解策略找答案：平時準備各類閱讀素材，以出題老師的角度問自己問題，並立刻找出答案。例如：文章的大意、段落的重點、作者想表達什麼、作者的弦外之音、重要字句的解釋、讀完文章的體會和心得，這些都是閱讀測驗最常考的形式。透過訓練可以厚實閱讀理解能力，快速提升國文答題功力。

生活情境

● **1. 統整應用化**

　　教育會考國文科會評量學生的統整應用能力,例如:文章訊息、詞語應用、應用文章訊息處理等。

　　範例3-4的題目是很成功的生活連結題。邀請函是機構、團體、公司、學校等單位或個人舉辦活動時,發給目標對象以邀請他們參加的信件,**內容一般包括時間、地點、目的、程序及落款等,是實用的應用文寫作。**

 範例3-4

> 　　謹訂於中華民國九十九年六月六日(星期日)為
> 家嚴九秩晉二聖誕敬備桃樽　恭候
> 光臨
>
> 　　　　　　　　　　　　　　　王大中　謹稟
> 　　　　　　　　席設:臺東市海神飯店海之霸廳
> 　　　　　　　　時間:下午六時入席

關於這則請柬,下列敘述何者正確?【108年教育會考國文科單選題第18題】

(A)「家嚴」應改為「令尊」

(B)「聖誕」應改為「壽誕」

(C)「桃樽」應改為「桃符」

(D)「謹稟」應改為「叩首」

　　　　答:B(詳解請見別冊的範例解析3-4)

● 2.生活情境化

在實行十二年國教課綱之後，部分試題的素材或選項將結合生活情境，測驗學生解決生活問題的能力。例如：融入生活應用、新聞時事、流行新詞等。

範例3-5的題目中，題材是到處可見的對聯，要求考生依據對聯的原則，從四個選項當中判斷哪一句適合放在乙聯。

題幹內文沒有提供上下聯的判斷原則，**考生必須具備有關對聯原則的語文知識，才能找出正確答案。**

 範例3-5

周亮來到「有間酒店」買酒，看到店門口貼有一副對聯。一句對聯的原則，右圖中（乙）聯的位置應是下列哪一句聯語？【105年教育會考國文科單選題第28題】

（A）清樽日月長
（B）甕裡乾坤大
（C）一醉千愁解
（D）開罈香十里

答：A（詳解請見別冊的範例解析3-5）

情境化生活資訊的取得與準備方法

1.留意生活語文的應用：比如說，請柬、邀請函、FB或LINE的網路文學、周遭的日常語詞、新聞標題、標語、電子郵件、電影或戲劇（劇本）、對聯題辭、歌詞創作、活動海報、訊息公告、廣告文案、宣傳DM、報紙、期刊等。

2.注意學測、統測的考試內容：這樣可以了解題目生活化的面向、考題形式的變化。由於每年的學測（大約在1月底）與統測（大約在5月初）都比會考早考完，因此當年度的熱門話題、新聞時事，或是學測與統測出現的問題，很有可能在會考出現。例如：2020年5月的會考，可能會出全球新冠肺炎的爆發與防治。

3.養成隨身攜帶筆記本的習慣：隨時記下看到或讀到的名言佳句（現在手機記事本可用語音輸入）。一方面可以提升你的文字運用能力，對充實寫作測驗的內容也很有幫助。

 圖表資料

資料整合與圖表判讀能力的占比，將逐年加重。以108年教育會考為例，**各科的跨領域圖表考題占有2至3題的比重**，估計新課綱上路後，這類考題仍是考試重點，因此想拿高分，必須加強跨領域概念與圖表傳達的整合能力。

過去很難想像國文科竟然考圖表，教育會考既然強調生活能力的培養，就不會在乎考題形式，每一科都有可能出現任何題型，考生要有心理準備。

　　經常在教育會考出現的圖表，有長條圖、直方圖、直線圖、折線圖、圓餅圖（又稱圓形圖）。 我先以國文科試題曾出現的長條圖、直方圖及其他圖表為例。

● **1. 長條圖**

　　表示兩個變數之間的關係。例如：學校要調查各年級的男女人數，可以用「人數」為縱軸、「年級」為橫軸，用不同顏色的長條表示男女人數。

　　範例3-6的題目是長條圖的標準考法，探討各國各階段教育中每人分得的經費。**從圖形中要掌握幾個訊息：縱橫軸各代表什麼？長短代表什麼意義？不同顏色各代表什麼？**

範例3-6

以下圖表，是某年**經濟合作與發展組織（OECD）**針對各國各階段教育每人所分得經費的調查結果：

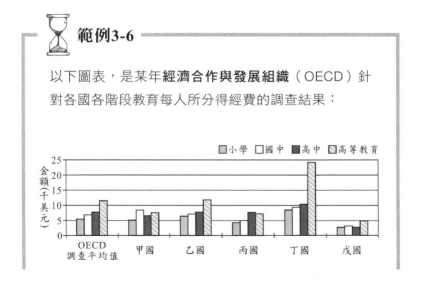

根據這張圖表，下列敘述何者正確？【107年教育會考國文科單選題第4題】

（A）甲國小學生所分得的教育經費高於OECD調查平均值

（B）丙國國中生所分得的教育經費高於OECD調查平均值

（C）各國高等教育學生所分得的經費皆多於其他階段學生

（D）相較於其他國家，丁國高中生所分得的教育經費最高

答：D（詳解請見別冊的範例解析3-6）

● 2. 直方圖

要探討的兩個變數，其中一個有階段或範圍的限制。例如：統計本次段考各分數階段的人數，以「人數」為縱軸、各個「分數階段」（0～10分、10~20分⋯⋯90～100分）為橫軸，畫出直方圖。因此，直方圖與長條圖的最大不同在於，直方圖的寬度是有意義的，代表該組的上下限。

● 3. 其他圖表

圖表的類型千變萬化，要盡量涉獵任何形式，例如：卡通圖案、碑文、書法字體等。

範例3-7的題目是考中國文字的結構圖，**考生必須清楚象形、指事、會意、形聲、轉注、假借這六書的概念，才能掌握此題**。國文科多半以象形、指事、會意、形聲為題，較少出現轉注與假借。

範例3-7

根據下列文字的結構說明，判斷何者是指事字？【106年教育會考國文科單選題第9題】

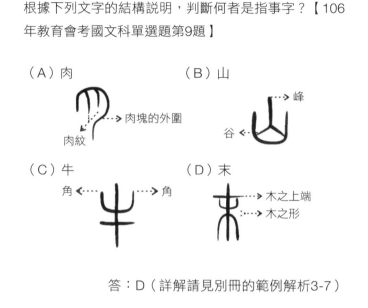

（A）肉 肉塊的外圍 肉紋

（B）山 峰 谷

（C）牛 角 角

（D）末 木之上端 木之形

答：D（詳解請見別冊的範例解析3-7）

再如第194頁範例3-8題目，國文科最簡單的圖是字形，最簡單的表則是國學常識的比較。造字原理、書法字體、碑文判斷等都是考試的重點。**考生只要掌握六書造字的原則，與書法字體的演變過程，應該能輕鬆駕馭這類題目。**

 範例3-8

「秦漢之間，正體的篆字太過繁複，實際從事書寫的書吏為了記錄的快速，破圓為方，把曲線的筆畫斷

開，建立漢字隸書橫平豎直的方形結構。」根據這段文字，下列表格內的敘述何者正確？【106年教育會考國文科單選題第10題】

	篆字	隸書
(A)	時代較晚	時代較早
(B)	結構較簡單	結構較繁複
(C)	破圓為方	化直為曲
(D)	較不便書寫	較便於書寫

答：D（詳解請見別冊的範例解析3-8）

 跨域跨科知識

以素養為導向的試題設計，除了注重生活與圖表之外，也強調跨領域、跨學科的知識統整，這是命題的重要趨勢。

國文科的跨域跨科題目不容易設計，既要考國文知識，又擔心難度太深，因此考題中往往會出現「非連續性文章」，也就是說，考題中可能會有圖表、文字或表格，再適度連結跨域跨科的知識。

範例3-9以文章結合自然科「水域優養化」的概念，希望考生從文章中掌握營養鹽、浮游生物與大小魚類生存之間的關係。**一片水域形成後，隨著歲月累積，水中的養分（營養鹽）會越來越多，水會越來越淺，最終變成沼澤或陸地，這種自然消長過程就屬於水域優養化。**

範例3-9

「自然界中，在透明度較高的水清水域，通常硝酸鹽、磷酸鹽等營養鹽的含量較少，相反地水濁時含量較多。營養鹽一旦缺乏，植物性浮游生物就會發育不好，以它維生的動物性浮游生物就會變少，連帶影響取食動物性浮游生物的小魚和取食小魚的大型魚的生存。」根據這段文字，下列推論何者正確？【107年教育會考國文科單選題第9題】

（A）水域混濁時，大魚數量會減少

（B）水域清澈時，浮游生物容易繁殖

（C）在浮游生物多的水域中，魚類較容易生存

（D）同一水域中，動物性與植物性浮游生物的多寡成反比

答：C（詳解請見別冊的範例解析3-9）

範例3-10的題目結合歷史圖表，說明德國由分裂到統一發生的大事。這是國文科中除了文學性文章之外的最新考題形式，目的是**測驗考生訊息擷取能力，以及閱讀理解後的邏輯推論能力**。

範例3-10

請閱讀以下圖表，回答以下兩題：

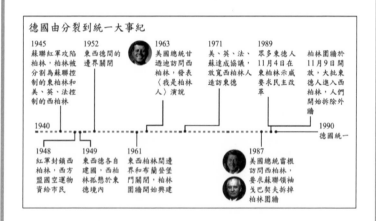

德國由分裂到統一大事紀

1945 蘇聯紅軍攻陷柏林，柏林被分割為蘇聯控制的東柏林和美、英、法控制的西柏林

1952 東西德間的邊界關閉

1963 美國總統甘迺迪訪問西柏林，發表〈我是柏林人〉演說

1971 美、英、法、蘇達成協議，放寬西柏林人造訪東德

1989 眾多東德人11月4日在東柏林示威要求民主改革

柏林圍牆於11月9日開放，大批東德人進入西柏林，人們開始拆除外牆

1940

1948 紅軍封鎖西柏林，西方盟國空運物資給市民

1949 東西德各自建國，西柏林孤懸於東德境內

1961 東西柏林間邊界和布蘭登堡門關閉，柏林圍牆開始興建

1987 美國總統雷根訪問西柏林，要求蘇聯領袖戈巴契夫拆掉柏林圍牆

1990 德國統一

1. 根據這張圖表，下列敘述何者正確？【107年教育會考國文科單選題第36題】

（Ａ）東、西德統一後，開始拆除柏林圍牆

（Ｂ）東、西德從各自建國到統一超過四十年

（Ｃ）蘇聯紅軍占領柏林後就開始興建柏林圍牆

（Ｄ）柏林圍牆拆除後，西柏林人始能造訪東柏林

甲、甘迺迪訪問西柏林
乙、布蘭登堡門關閉
丙、雷根當選美國總統
丁、戈巴契夫下臺

2.根據圖表推論，上面事件發生的先後順序最可能是
何者？【107年教育會考國文科單選題第37題】
（A）甲→乙→丙→丁　（B）甲→丁→乙→丙
（C）乙→甲→丙→丁　（D）乙→丙→甲→丁

答：1. B 2. C（詳解請見別冊的範例解析3-10）

跨域跨科資訊取得與準備方法

1.多涉獵具文學性的跨科跨域文章：平常準備國文
科時，要多接觸文學性與跨域跨科文章，以及文言與白
話參雜的文章。例如：《讀者文摘》中文版、《講
義》、《國文天地》、《聯合文學》、《文訊》雜誌
等。透過閱讀各類文章，理解不同型態的考題內容。

2.練習不同層次的閱讀技巧：接觸多元議題與時
事，以便更加理解考題文章，並優化解答能力。例如：
各家出版社的《國文科補充教材》，以及《啟動高中生
的國文天才思維》、《啟動國中生的國文天才思維》。

3.重視各版本都列入的選文：除了前文提過的A級
文言選文，「A級白話文」也相當重要，因為會出現與
語法、辭義相關的考題。各版本都有的A級白話文，包

括了楊喚〈夏夜〉、陳之藩〈謝天〉、王鼎鈞〈開放的人生〉、余光中〈車過枋寮〉、席慕蓉〈渡口〉、夏丏尊〈生活的藝術〉、鄭愁予〈小小的島〉、張曉風〈情懷〉、琦君〈下雨天真好〉。

4.善用網路上的國文科學習資源：網路上有各種國文學習資源可以運用，例如：《國文加油站—智慧就是經驗與知識的累積》、《全球華文網》等。

 ## 國文科答題秘招

由於教育會考競爭激烈且壓力爆表，考生答題時經常一頭栽進題目中，忽略題目真正想要測驗的意圖。因此，面對國文科命題方向與題型，**除了蒐集完整資訊，並做好萬全準備之外，一定要學習考試答題的技巧。**

1.搶下最熟的一題：國文科都是單選題，在考試鈴響、翻開考題後，立刻快速瀏覽所有試題，你一定會看到覺得熟悉或相當有把握的題目，要趕快寫下答案，**第一題就搶先得分可以穩定軍心，讓你越寫越順。**

2.圈出解題關鍵字：閱讀題目不能太快，也不必逐字念，而是要仔細，從中找出解題的依據或關鍵字。尤其題目是要選對或選錯的選項，一定要圈出來。**關鍵字不只會藏在題幹中，也可能藏在選項中**，在面對冗長的題目時，圈出關鍵字可以抓到重點，同時節省再次閱讀所有文字的時間。

3.判斷應用的概念：答題不能埋頭苦幹，要懂得從題目

中抽離,跳出來思考,哪些學過的概念或知識可用來解題。如果實在想不到,思考30秒後做記號,趕快跳到下一題,等全部答完再回來想。**不要浪費時間去思考可能完全不會的題目,而且越想不出來越容易緊張,得不償失。**

4.熟練選擇題技巧:近幾年國文科的題目大致包括單選題和題組題,每題都只有一個答案。內容包括字音(讀音)、字形(改錯)、成語與對聯、書信、語文常識(語詞使用情境)、詩詞與格言等。**全部題目作答完畢之後,回過頭來思考有記號的題目,若時間來不及還是毫無頭緒,那就用猜的!**猜題也有技巧,像是刪去法、題幹陷阱與暗示、選項屬性等,所有科目都適用。

5.閱讀題組首重理解:國文科一向很重視閱讀能力,以107~109年會考為例,單選題占33至34題,閱讀題組題則占14至15題(大約有7篇文章,每篇2至3題),分數占比高達3成。閱讀題組的文章包羅萬象,字數通常比單選題還多,會花費較多時間。回答閱讀題組時,理解能力是唯一手段,因此**建議先理解題目問什麼,再從文章中找答案,如果沒辦法立即看懂某些字句,可以從前後文推敲其意思。**

總之,**國文科要考好,必須練好文章理解力。**只有背課文、記解釋遠遠不夠,平時必須接觸各種資源與文體,尤其要學習自己問問題、找答案。先瀏覽全文、掌握題旨,然後檢索訊息、抓住重點。

此外,要訓練自己邏輯推理的能力,藉由閱讀長篇文章,消化大量訊息,並統整為具體可用的資料,才能逐步培養文章理解力。

② 英語科素養導向命題與答題秘招

從過去的國中基測到103年開始的教育會考，英語科的命題理念與國文科大致相同，都在評量學生的基本語文能力。唯一不同的是，英語沒有文言文與白話文，加上畢竟不是母語，對大部分學生而言，只要能理解字詞語意、句型及簡易文章結構就足夠了。

一、英語閱讀測驗

教育會考英語科考題分成閱讀與聽力，閱讀約包含15題單題、26題題組，每題都只有一個答案。命題趨勢重視多元取材，強調從生活出發，能聽能讀，更重視圖表與跨科跨域的能力。

 考題素材

英語試題的第一部分是單選題，考驗學生的單字量與文法，題型單一、題目也較簡單，克漏字的題型比較多。第二部分的題組會出現多樣化的素材與形式，例如：書信、廣告、網站、短文、圖表，結合108課綱中的19項議題，以及

跨領域的內容。

以109年教育會考英語科試題為例，考題包括群組對話、集點活動、隔水加熱巧克力，以及時事新聞與跨領域的文章，像是慕尼黑拒絕奧林匹克、阿拉斯加城市基瓦利納受到全球暖化影響。

範例3-11是沒有題目的文章，考生要從文章內容的描述線索，推知主角是風，這考驗擷取資訊並判斷推論的能力。

 範例3-11

When it arrives,

Everyone cheers.

The shirts and shorts dance

On the clothesline,

The trees and flowers wave

Like they're saying hi,

And the clouds are so excited

To have a running race.

When it comes,

Dad's face falls.

His coat and jeans jump

Off the clothesline

Into the pond.

The tree leaves hop off

And have a party on his new car.

When it gets here,

A lot of fun things I notice:

The pond's face,

Sad and old with lines;

Mrs. Smith's bread,

Delicious and freshly baked.

But what smell is it?

Oh, no, it's from Mr. Brown's feet!

> 📖 leaf（leaves）葉子

1. What is it in the reading?【109年教育會考英語科閱讀測驗第16題】

　　（A）The sun.　　　　（B）The rain.

　　（C）The wind.　　　（D）The rainbow.

2. How does Dad feel "when it comes"?【109年教育會考英語科閱讀測驗第17題】

　　（A）He is scared.　　（B）He is excited.

　　（C）He is not happy.　（D）He is not interested

答：1.C　2.C（詳解請見別冊的範例解析3-11）

　　範例3-12的題目也是題組題的形式，題目原本有兩小題，在此僅摘錄第一題。題目內容結合海洋教育議題，取材自網路文章，**要考生比較海獅與海豹的不同**，這考驗理解、**整理與比較資訊的能力。**

範例3-12

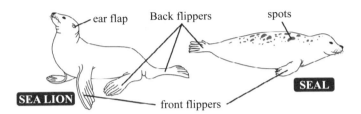

ear flap　Back flippers　spots

SEA LION

SEAL

front flippers

SEA LIONS

Sea lions have ear flaps. They are usually brown. Sea lions spend most of their time on land. Their back flippers can move in a circle, so it's easy for them to move on land. When they swim, they move their front flippers. They can be underwater for 8 to 20 minutes. Sea lions live in groups. They are noisy and "talk" loudly. But a baby sea lion is still able to hear its mother even when many mother sea lions are calling out for their babies at the same time.

SEALS

Seals don't have ear flaps. Baby seals are all white, and adult seals are usually gray with dark spots. Seals spend most of their time in water. They can stay underwater for 2 hours! They are good swimmers because they can swim with their back flippers, which are like fish tails. However, their back flippers cannot move in a circle, so it's not easy for them to move on land. They seldom come to land except when they want to have babies. Seals usually live alone. They are quiet and only make short soft sounds.

Vincent took notes on the information about sea lions and seals he learned.

What could he write at the bottom of the first column?

【111年教育會考英語科閱讀參考試題本第28題】

	Sea lions	Seals
What do they look like?		
How long can they be underwater?		
How do they live?		
Do they make loud sounds?		
_____?		

📖 column 欄

（A）How do they swim

（B）How long can they live

（C）Where do they find food

（D）Who takes care of their babies

答：A（詳解請見別冊的範例解析3-12）

多元素材的取得與準備方法

1.單題是基本分數，要完全把握住：英語科單題部分的15題屬於基本題，包括單字、文法、語意的判斷，只需要熟悉1200個單字和基礎文法結構。熟讀課本就可以應付自如，必須完全把握住。

2.題組需要閱讀速度快、理解力強：題組是決勝負的部分，想要拿高分，培養深厚的閱讀理解力是唯一路徑。以107~109年為例，最長的閱讀文章多達300字左右，全部試題也多達3000字，因此閱讀速度與理解能力決定一切。

3.養成大量閱讀的習慣：平日必須閱讀各類完整英文文章，不要放過可以接觸英文的機會。例如：

（1）英文書籍：關於介紹文法、成語、克漏字、閱讀測驗的書籍，可以選擇自己覺得編排合宜的書，或者請英文老師提供建議書單。

（2）英文雜誌：目前台灣發行最多的雜誌，依照程度從簡單到困難分別是《大家說英語》、《空中英語教室》、《彭蒙惠英語》。國一新生可以從《大家說英文》開始。較困難的有《中國郵報》（*China Post*）、《英文雙語週報》（*Bilingual Weekly*）、《常春藤解析英語》（*Ivy League Analytical English*）。

（3）英文小說：要配合自己的程度做選擇。很多英文小說是名著改編，完整的文章有故事性、具吸引力，可以訓練理解力。例如：《小王子》（*The Little Prince*）、《哈比人歷險記》（*The Hobbit*），適合國中生閱讀。

（4）學習教材：坊間有不少針對不同程度學生設計的英文學習教材。對於程度為初級與中級的國中生而言，我推薦Oxford Dominoes系列（英文小說、有圖文解釋作為即時輔助），以及「Oxford Owl 電子書資源

網」網站（有上百本經典文學、有聲
書、科幻等免費電子書）。另外，有個
網站推薦一些很適合國中小學生的英文
小說，可供參考，其QRcode如右。

（5）閱讀練習：坊間有些閱讀練習
書，是一篇篇各類型文章的解題練習。除非要在考前訓
練題感，否則我比較不建議這類閱讀，因為這類型的文
章大都支離片段，做多了只是痛苦地硬背幾個單字，還
不如做歷屆考題。

4.閱讀速度的養成方法：培養閱讀速度非常重要。
我推薦一個免費的英文閱讀測驗網站「Free Reading
Speed Test」，可以滿足你測驗閱讀能
力、訓練閱讀速度的渴望。網站會告訴
你測驗結果，像是1分鐘閱讀幾個字、理
解文章的能力達到什麼程度。它的QR
code如右。

❋ 生活情境

生活中發生的大小事或是周遭的時事新聞，都是英語科
考題材料。例如：107年考題中有網路購物、原住民捕鯨；
108年有觀光公車路線圖（範例3-13）、喝咖啡時段等。

面對生活化的問題，要找到資訊之間的關係才能解題。
以範例3-13的題目為例，首先要檢視資訊的組成，包括公車
的路線、時間、票價、注意事項等。其次，要了解資訊之間

的重要關係：**A**、**B**兩條路線的出發地點相同，路線稍有差異，各有不同的票價與優惠規定。

 範例3-13

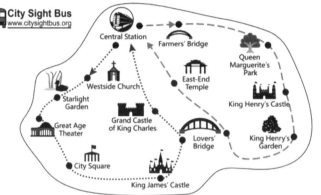

◆**OPENING HOURS**

· High Season（April to September）：9:00 – 18:00 every day

· Low Season（October to March）：9:00 – 17:00 every day

◆**TICKET PRICES**

· Line A（⋯⋯➤）：$20 each person

· Line B（- - - - -➤）：$18 each person

◆**THINGS YOU SHOULD KNOW**

· Buses for both lines leave every hour from Central Station.

· Line A takes one hour; Line B takes 50 minutes.

· If you are taking your pet with you, please buy a seat for it at half price.

· Save 10% if you buy tickets on the Internet.

· Save 10% if you buy tickets for both lines.

· Go to www.citysightbus.org for more information.

1. Which is true about City Sight Bus tickets?【108年教育會考英語科閱讀測驗第18題】

（A）It costs less to buy tickets on the Internet.

（B）People must pay the full ticket price for a pet.

（C）Tickets are more expensive in the high season.

（D）People save 10% if they buy two tickets for the same line.

2. Which is true about the bus lines?【108年教育會考英語科閱讀測驗第19題】

（A）Line B takes more time.

（B）Both lines cross Farmers' Bridge.

（C）Both lines leave from Central Station.

（D）There are more gardens to see on Line A.

答：1.A　2.C（詳解請見別冊的範例解析3-13）

情境化生活資訊的取得與準備方法

1.關心國際時事：學英文不是只為了考試，而是一種融入生活的態度。國際時事幾乎都以英文呈現在各種媒體上，因此多關心國際新聞事件，可以培養國際觀，還可以練習英文，一舉兩得。

2.看各國的電影：雖然許多國家的語言不同，但是現在的電影幾乎都會配上英文字幕，也是一種邊看電影、邊學英文的活動。

3.交外國朋友：比如寫信或E-mail的筆友、社交網站的好友等。或者到教會學習免費英文課程，那裡常有很熱心的外國朋友。可以藉由這個機會交友兼學習。

4.生活介面改成英文模式：將電視、手機、電腦等生活常用的介面，改成英文模式，這是讓生活周遭環境盡量沉浸在英文世界的好方法。

5.平時多留心周遭環境英語用法：台灣的機場、車站、高鐵、公車、公家機關（學校、公所、縣市政府等）、景點等公共場所，幾乎都已雙語化。平常趁著外出的機會，可以多練習各種環境的英語標示與用法。

6.每天閱讀或收聽英語新聞：國際新聞當中最容易成為考題的領域，包括人文、社會、教育、科技、財經等報導。網路新聞報導可以轉成英語畫面，訂閱英語報紙、以中英對照讀新聞，或者看BBC、CNN等英語新聞，能擴增英語單字與詞彙量，增強英語閱讀能力。

7.下載時事新聞App：用手機下載《*The New York*

Times》、《*USA Today*》、BBC、CNN、《*The Wall Street Journal*》、《*Daily Mail*》的免費新聞APP，就能隨時閱讀科技、財經、娛樂、音樂等領域的新聞。

 ## 圖表資料

在過去的英語科中，圖表題並不常見，但近年來卻越來越常出現，儼然成為趨勢。例如：下面範例3-14的閱讀測驗題目，出現喝咖啡與皮質醇濃度關係的折線圖，**考生必須讀懂曲線的變化，看出皮質醇數值下降時，就是喝咖啡最好的時段，才能順利答題。**

  ## 範例3-14

🌐 VOF NEWS   16/01/2015

For many people, having a cup of coffee right out of bed is the best way to start a day. But a report from Asap Science says **otherwise**. It says the worst time for coffee is soon after we  get up. When we wake up, our bodies start to make cortisol. Cortisol helps us to think clearly and be quick to understand and act. The cortisol levels rise after we wake up and climb to the highest in about an hour. So there are two problems when we drink coffee during this time: (1) our bodies will make less cortisol, and (2) the cortisol will make coffee less useful. And that's why some of us drink more and more coffee.

Then, when's the best time to have coffee? When the cortisol levels are going down, the report says. Cortisol levels are usually highest between 8 a.m. and 9 a.m., between noon and 1 p.m., and between 5:30 p.m. and 6:30 p.m. So if you want to have coffee, enjoy it after these times, and this popular drink will help you the most.

📖 cortisol 皮質醇　level 數值；濃度

The picture below shows how the cortisol levels rise and fall during the day. From the news, which is a good time for coffee?【108年教育會考英語科閱讀測驗第31題】

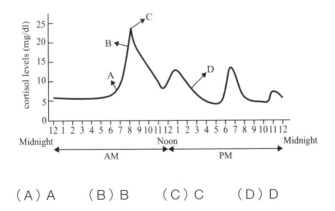

（A）A　　（B）B　　（C）C　　（D）D

答：D（詳解請見別冊的範例解析3-14）

跨域跨科知識

英語科與國文科一樣,跨域跨科的考題往往會出現「非連續性文章」,也就是可能會有前述的圖表、文字或是表格整理的考題,適度橫向連結跨域跨科的相關知識。

近年英語科考題經常出現科普文章。例如:範例3-15的題目,考了甩水動作快慢與動物體型大小的關係。這不但是科學圖表題,而且是英語跨科學領域知識的好題目。

這類題目在測試考生能否依據文章情境,進行思考與判斷。因此,必須依照上下文敘述,配合真實情境,來理解語法概念,並推測答案。

例如:在範例3-15中,真實情境下的大型動物是圓滾滾的、腰圍比小型動物粗,因此抖得慢很合理。

 ## 範例3-15

When we get wet, we need a towel to get ourselves dry. When a dog gets wet, all it needs is to shake its body. A study in 2010 showed that a wet dog can throw off half the water on its body by shaking for less than a second. In fact, this common act of dogs works better than a washing machine.

The study found that animal shaking begins with the head and ends with the tail. During a shake, the animal's head, body and skin all move. Smaller animals must shake faster than bigger animals to get water off. For example, in one second, a rat can shake 18 times, a dog 6 times, and a bear 4 times. Bigger animals can get their bodies dry with fewer shakes.

For animals, shaking is not just about getting themselves dry. It is also about saving their lives. Being wet makes animals heavier, and that makes it harder to run. In the animal world, how fast an animal can run often decides whether it will live or not. Maybe that's why the "wet-dog shake" has become a common habit of many animals.

> 📖 skin 皮膚

What does the reading say about shaking?【107年教育會考英語科閱讀測驗第29題】

（A）Different animals' shaking begins with different body parts.

（B）Shaking is a way that animals use to make other animals scared.

（C）Animals that are not kept as pets do the shaking better than those that are.

（D）Shaking themselves dry may help animals run faster in dangerous moments.

答：B（詳解請見別冊的範例解析3-15）

圖表判讀、跨域跨科資訊的
取得與準備方法

1.了解圖表題的幾個要項：包括圖說（通常在圖表最上端，說明圖形用途）、橫軸、縱軸、標籤（橫縱軸代表的意義）、尺度（橫縱軸每格代表的數量）等。

2.先看懂圖表，再弄懂英文：日常生活中有許多圖表資訊，例如：書信、電子郵件、LINE、菜單、搭車時刻表、英文傳單等，一定要先看懂圖表，才能知道它表達的邏輯意義。題目中的表格、折線圖、圓餅圖、長條圖等都不會太難，在國中數學課都學過。

3.準確理解圖表中的數據和主要趨勢：從題目的圖表中尋找數據規律，進行分析歸納或推理應用，找出圖表想要表達的趨勢。例如：第180頁範例3-14的折線越高，代表Y軸的皮質醇濃度越大。

4.用英語比學英語還重要：語言是一種溝通工具，不要把英文視為考試科目，應該在生活中多加運用。例如：健體、藝文、綜合領域等非考科的學習都可融入英語，或者規定每週一、三、五只能用英語溝通。

5.廣泛閱讀，善用各種磨練英文的機會：不管是閱讀還是聽力，會考都慢慢偏向推論和跨領域的題目。因此，學習英語必須像我們加強中文能力一樣，廣泛閱讀各類文章，並把握使用英文的各種機會。例如：使用TED Talk發表、接待外賓、參加模擬聯合國，不但可以

準備會考，還能增加英語溝通能力，拓展國際視野。

6.英文版《讀者文摘》與線上資源：《讀者文摘》（*Reader's Digest*）是一本英文月刊，有中文翻譯版。內容包羅萬象，從名人故事、溫馨小品、勵志文章、生活知識，到商業理財、醫療保健、科技新知及自然環境等，囊括全世界的資訊，尤其有許多圖表，是練習英文、圖表判讀與跨域知識的好材料。另外，網路上有許多英文與圖表資源，更是取之不盡、用之不竭。

 ## 英語閱讀測驗答題秘招

● 1. 單字記憶法

根據研究，最有效的單字記憶法是「聽說讀寫同步」，且彈性運用多種方法。在聽的方面是利用CD、MP3或手機發音APP，聽單字的正確發音。在說的方面則是確定單字的發音後，邊唸邊背誦。通常會唸就會拼，會拼就會背。

在讀的方面，除了背單字，還要看詞性與例句，學習單字在句子中的用法，唯有活用句子才能大幅提升單字量。在寫的方面則是動手將單字寫下來數次，並用不同顏色的筆標註重點（例如搭配的介系詞）。

經過上述的過程，單字會唸、會寫也會用，就能記得又牢固又全面。此外，還可以運用以下幾種單字記憶法：

（1）字首字根法：從英文的字首或字根切入，以字串連結的群組方式來記憶。例如：第186頁的圖3-1就是以字首或字根為群組的共同元素記憶法。

▶▶ **圖3-1　字根字首單字記憶法**

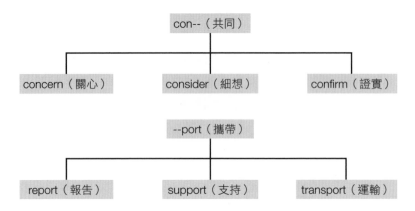

（2）**家族字串法**：從某個單字出發，將其他詞性的字一併背誦。例如：act行動（vi）、action動作（n）、active活躍的（adj）、activity活動（n）、actor男演員（n）、actress女演員（n），這樣一次可以記憶6個單字。

（3）**諧音聯想法**：利用單字發音的諧音來記誦其意義，但是發音可能不甚準確。例如：恐龍dinosaur（諧音：呆腦獸）、醫院hospital（諧音：禍事必多）等。

（4）**熟背會考1200單字**：教育部的國中基本字彙1200字，是畢業生至少要學會的單字量，這些字在教育會考出現的頻率最高。然而，我建議學到1200~2000個字，這樣在高中要學會4000（學測）到7000（指考）個單字時，壓力比較小。掃描旁邊的QR code，可以連結至英語科必備1200單字的網站。

● **2. 片語學習術**

　　片語中只換一個介系詞，意思就不同了。因此，你必須放棄死記硬背，改為使用以下的方法：

　　（1）動詞相同的一起記：英文片語中的動詞稱為「片語動詞」，把動詞相同的片語整理起來一起記，可以節省很多時間。下表3-1舉3個例子來拋磚引玉。

　　（2）意思相近的一起記：將意思相同或相近的片語一起記，對寫英文作文很有幫助，可以讓你用詞豐富。例如：be filled with與be full of意思相近，具有「都是、充滿」的意思。For ages （= for a long time）與in ages （= in a long

▶▶ 表3-1　相同動詞的片語

片語動詞	相關片語
Come	come up（談論） come in（進來） come out（真相大白） come on（快點） come along（跟隨）
Clean	clean out（打掃內部空間） clean off（清除桌面髒處） clean up（清理大空間） clean away（整理某個混亂的角落）
Look	look for（尋找） look out（注意） look over（檢查） look after（照顧）

time）的意思完全一樣，都是「很長時間；很久」的意思。

（3）意思相反的一起記：如果用字典可查到同義字與反義字，可以一起記。例如：turn on（打開）與 turn off（關掉）；result in（造成）與result from（由⋯產生）。

（4）介系詞相同的一起記：將動詞不同、但介系詞相同的片語一起記，雖然這些片語的意思可能不同，但可以從介系詞的意思大致推測片語的意思。例如：up意指「上」，give up有「交出向上機會」的感覺，所以是「放棄」；build up有「建築向上」的涵義，所以是「建立」。

● 3. 閱讀題組的考試題型與作答技巧

題組是英文考題中較難的部分，占分也最重。我提供「**題組答題4步驟**」，讓各位試試看，這4步驟就是**讀首段、看標題、看題目、找答案**。

有時候文章沒有標題，要你從選項中挑選，你可以從第一段的內容猜出主題。如果文章有標題，第2個步驟就是從標題了解全文在談論什麼。第3個步驟是看題目問什麼，第4個步驟則是回到文章找答案。

閱讀測驗問題的類型大致有以下5種，而且各有作答技巧。

（1）**問主旨、大意**：閱讀測驗最喜歡考全文主旨或段落大意，必須快速瀏覽文章才能掌握，但有個高階技巧是**先看每段的頭尾句，得知段落大意，再將每段的大意連起來，推敲整篇的主旨**。一般來說，英文寫作每段的頭一句是點出該段的主要意義，最後一句是再強調一次並做出結論。

（2）**問字詞、句子**：當題目問某個單字、片語或句子的涵義時，快速回到文章去搜尋關鍵字句在哪裡，並從前後文的敘述進行判斷。

（3）**考細節、內容**：一般來說，這種題目會使用疑問句，出現7W（who、what、when、where、which、why、how），如「Who is……」。首先要判斷問題出自哪一段，再將此段閱讀一次，可以很快找到答案。

（4）**考作者的觀點**：作者的觀點通常都在最後一段，從這裡找答案準沒錯。對於相同主題，每個作者會有不一樣的寫法，觀點與意向自然不同，但「起承轉合」的寫作方式大致不變，會在最後一段整合各段文意，再次強調主題。

（5）**請讀者做推論**：若能掌握整篇文章大意，要做出任何推論都不難。這種題型的重點是充分理解文章內容。

● 4.快速解答單題，將大部分時間留給題組

解答單題時，碰到不確定之處別猶豫，先猜題並做記號，有時間再回來細想。基本上，**單題應在10分鐘內做完，留下50分鐘給題組。**

二、英語聽力測驗

英語聽力測驗的題目變化性很大，107年更出現天氣圖表，請見以下考題：

〔聽音內容〕：This is the seven o'clock a.m. weather report. It's clear in the north. And you'll see the sun today. However, if you live in the east, you'll need an umbrella to keep yourself from getting wet. Moving down to the south, it's going to be sunny. But there will be some strong winds coming from the sea. As to the west, the sky will be gray all day.

〔問題〕：Which picture shows what the weather is like today?【107年教育會考英語科聽力測驗第20題】

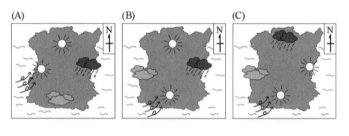

本題答案是B。雖然單字都不難，但說話時間不短，涵蓋的訊息量也多，跟一般兩人對話的簡單會話不同，是頗具挑戰性的題目。

由此可見，**不僅閱讀題目是跨領域、有圖表且與生活情境連結的知識整合題，連英聽力測驗也是如此**。建議你朝著以下方向來準備英語聽力：

1.從基礎短句對話開始：聽力是一步一步累積而來，因此必須由短到長、由簡單到複雜。現在學習英語聽力的網站資源很多，而且往往是免費的，你可以請學校老師建議較符合你程度的學習平台。例如：教育部專為國中小學生設計的英語線上學習平台「Cool English」，是目前很適合國中小

學生練習聽力的網站。

　　2.觀看母語人士日常看的影片：剛開始學習時，可能會透過如Cool English網站，用簡單的動畫教材或遊戲提升英語聽力。但實力提升後，不能再依賴為了訓練聽力而刻意製造的教材，必須改為母語者日常生活中看到或聽到的影片。例如：談及許多議題的卡通《*Adventure Time*》、有趣的動畫影片《*Word Girl*》和《*Doki*》。這些影片可在YouTube上找到，每集的時間都不長，而且配音員發音清晰，會配合情境變化語調，用詞精確，是聽力訓練教材做不出來的東西。

　　3.不必要求聽懂每個字：想讓英語聽力進步，聽懂關鍵字最重要。**關鍵字往往是字句當中的主詞與動詞，而且是「重音」之處**。至於其他「輕音」的部分，有時並不會影響詞意的判斷。例如：上面的聽力題目中有一句「You'll need an umbrella to keep yourself from getting wet」，你大致會聽到幾個重音字「need……umbrella……wet」。這三個字足以讓你判斷，這句話的意思大概是「撐傘才不會讓雨淋濕身體」。所以，**抓到關鍵字很重要，根本不需要聽懂每個字**。

　　4.不只聽還要做筆記：平常練習聽力時，要邊聽邊寫下聽到的字詞。這樣做的好處是有些聽力CD附有答案，你可以核對自己漏掉哪些內容。聽力就是這樣一點一滴累積的。

　　5.找適合自己的教材：聽力教材要適合你才有幫助。有些坊間補習班的聽力教材太難，你可以到「voicetube」網站，裡面有很多練習聽和說的影音資源，從初級到高級分類清楚，而且完全免費。

3 數學科素養導向命題與答題秘招

未來108課綱教育會考數學科的評量目標，和目前不會有太大差異，但在生活實踐的取材上將更多元真實，因此生活數學越來越重要。

一、數學選擇題

在教育會考數學科考題中，選擇題約有26題，非選擇題約有2題，考試時間80分鐘。**每題大約僅有3分鐘左右的解題時間**，因此答題必須精準且快速。

 ### 考題素材

以往題目敘述多半簡明扼要，但近年命題素材多樣多變，於是敘述變長許多。範例3-16的題目，是從生活中常見的拼圖來算出長度，因為**圖形有凹有凸，要從緊密拼合想到凹凸兩者長度相等**，進而列出方程式解答問題。

第194頁的範例3-17題目，出自生活中實際的購物經驗，考題中談到商家祭出自備容器優惠5元的措施，最後提

問咖啡豆重量與總價之間的關係，其實只要解出y與x兩者的關係，用總價除以重量，就可知道每克咖啡豆要多少錢。

 範例3-16

已知有若干片相同的拼圖，其形狀如圖（十四）所示，且拼圖依同方向排列時可緊密拼成一列，此時底部可與直線貼齊。當4片拼圖緊密拼成一列時長度為23公分，如圖（十五）所示。當10片拼圖緊密拼成一列時長度為56公分，如圖（十六）所示。求圖（十四）中的拼圖長度為多少公分？【109年教育會考數學科選擇題第23題】

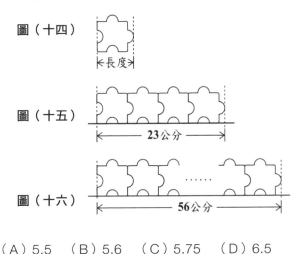

（A）5.5　（B）5.6　（C）5.75　（D）6.5

答：D（詳解請見別冊的範例解析3-16）

範例3-17

小涵與阿嘉一起去咖啡店購買同款咖啡豆，咖啡豆每公克的價錢固定，購買時自備容器則結帳金額再減5元。若小涵購買咖啡豆250公克且自備容器，需支付295元；阿嘉購買咖啡豆x公克但沒有自備容器，需支付y元，則y與x的關係式為下列何者？【108年教育會考數學科選擇題第16題】

（A）$y = \dfrac{295}{250}x$　　　（B）$y = \dfrac{300}{250}x$

（C）$y = \dfrac{295}{250}x + 5$　　　（D）$y = \dfrac{300}{250}x + 5$

答：B（詳解請見別冊的範例解析3-17）

多元素材的取得與準備方法

1.擴展本身的生活經驗：由於取材多元，平日生活體驗很重要。比方說範例3-17，考生若有購物經驗，就能了解折扣或優惠措施只會影響買價，不會影響原先物品的售價和品質。所以，讀書不能閉門造車，要多與他人互動、去沒去過的地方、接觸沒體驗過的事，讓生活經驗廣闊，有助於提升各科生活情境的解題能力。

2.閱讀數學課外書，讓數學不再冷冰冰：不少同學覺得數學很難，於是乾脆不碰，導致成績每況愈下，最後直接放棄。教育會考重視五科均衡，如果數學科是C，但其他四科都是A，所有知名學校都沒你的份。改變學習的想法與態度的第一步，就是每天接觸。下列是值得參考的數學課外書，以及可運用的資源：

（1）**優良課外讀物**：《生活中的數學》套書、《真希望國中數學這樣教》、《數學魔術師》、《博士熱愛的算式》、《喚醒你與生俱來的數學力》、《用數學的語言看世界》等等。

（2）**數學學習網站**：很多網站都有數學資源可供運用，包括了概念整理、重點分析、單元測驗、段考複習等。比方說，「昌爸工作坊」網站蒐集許多好書和數學資源，獲得不少老師推薦。

（3）**數學相關雜誌與刊物**：《科學月刊》經常發表數學相關文章，介紹優良的數學科普書籍。另外，《台灣數學教師電子期刊》是以充實高中、國中與小學的數學教學、課程與教材為主。兩者都適合國高中生。

（4）**資優或競賽數學**：數學程度還不錯的同學，可以接觸資優教育或數學競賽的書籍、課程或考題。例如：高國中資優班、科學班的試題，以及AMC的題目（註：AMC是指美國中學數學分級能力測驗）。這些題目都相當靈活，對於訓練邏輯思考很有幫助。

3.做好「預習、聽課、演練、複習」的循環：預習的主要目的是掌握整體概念。數學是一種解題方法的訓

練，若課前大略知道老師會用什麼方法解題時，會專心注意老師在做什麼。當遇到不懂之處而卡關時，要勇於發問或留下記號，在下課後請教老師或厲害的同學。回家後，必須做課本習題，只要5到10題即可，但一定要包含今天學到的所有概念，並徹底弄懂這些題目。行有餘力，再從講義或參考書中找類似題做練習。考前要再將這些題目做一遍。如此一來，成績一定會止跌回升。

生活情境

數學科的命題趨勢，除了既有的邏輯推理之外，近年越來越重視多元取材，顯現出數學確實可以應用在生活上。還有，題目敘述加長的閱讀分析也是重點之一。

範例3-18以花最少金額買最多蛋糕的狀況，測驗同學是否了解聯立不等式的使用時機。範例3-19以點選義大利麵、飲料、沙拉的餐點組合，考未知數列式與一元一次方程式。

解答這兩題需要的數學概念不困難，數字計算也不複雜，但千萬不能粗心出錯，當題目越簡單，更要小心注意。

範例3-18

阿慧在店內購買兩種蛋糕當伴手禮，圖（八）為蛋糕的價目表。已知阿慧購買10 盒蛋糕，花費的金額不超過2500元。若他將蛋糕分給75位同事，每人至少能拿到一個蛋糕，則阿慧花多少元購買蛋糕？【108

年教育會考數學科
選擇題第12題】

（A）2150

（B）2250

（C）2300

（D）2450

圖（八）

答：D（詳解請見別冊的範例解析3-18）

 範例3-19

小宜跟同學在某餐廳吃飯，圖（十五）為此餐廳的菜單。若他們所點的餐點總共為10份義大利麵，x杯飲料，y份沙拉，則他們點了幾份A餐？【108年教育會考數學科選擇題第21題】

A餐：一份義大利麵
B餐：一份義大利麵加一杯飲料
C餐：一份義大利麵加一杯飲料與一份沙拉

圖（十五）

（A）10 − x　　（B）10 − y

（C）10 − x + y　（D）10 − x − y

答：A（詳解請見別冊的範例解析3-19）

情境化生活資訊的取得與準備方法

1.多留意身邊的情境數學：情境化數學題目，有助於同學將生活中的數學問題轉化為數學題目。例如：視力檢查表可以考比例；樓梯與坡度可以考直角三角形；牆壁上的影子長可以考相似形；垂直雨刷掃過的面積可以考弧的概念。此外，情境數學還包括了摺紙數學與魔術數學，可以應用於乘法公式、開根號、無理數、勾股定理、畢氏定理等，讓抽象的數學變得具體有趣。

2.重視題目文字的閱讀理解能力：相較於把題目列成數學算式，學生看到文字敘述時會容易卡關。因此，能否應付新課綱下的數學情境題，關鍵在於對題目的閱讀理解與分析能力。

3.了解數學的生活應用層面：統計與機率、代數與函數，是數學中最常應用於工作與生活的內容，因此是素養試題的重要方向。二次函數重視圖形的對稱性，統計的重點是統計量與圖表關係，而機率則需要掌握樹狀圖。例如：107年教育會考數學科非選擇題第1題，就是用抽球的情境來探討機率。

4.基礎要打好：學習任何科目時，基礎很重要，數學更是如此。國中數學的基礎是高中數學的關鍵，千萬不能放棄，因為高中升大學的數學科是考生參加學測時的必考科目，即便你將來不打算讀理工科系，數學也不能太差。就像李小龍的名言：「千招萬招，最怕練過一

萬次的那招！」你不斷練習能讓自己的數學好到驚人。

　　5.一次進步一點，跟數學做朋友：當你按照上述方法練習，會發現數學沒有想像中困難。然而，不要想一步登天，可以設定一次段考進步5分，或者一次模擬考多對1題，讓自己隨時在進步，逐漸累積為大進步。

 圖表資料

　　數學科題目出現圖表題是再自然不過的，因為數學的統計機率含有許多圖表，包括了統計量、樹狀圖等。加上生活上多數的調查、活動、商業行為或行銷策略，都是以圖表代替冗長的文字和數字，讓內容更親民且更吸引人。

　　下面範例3-20是考人口數量成長的長條圖，**只要掌握不同的年度、區域、人口數量這三者的關係，再由題意與選項的搭配，選出最符合長條圖變化趨勢的答案即可。**

 範例3-20

某城市分為南、北兩區，圖（一）為105年到107年該城市兩區的人口數量長條圖。根據圖（一）判斷該城市的總人口數量，從105年到107年的變化情形為下列何者？
【108年教育會考數學科選擇題第2題】

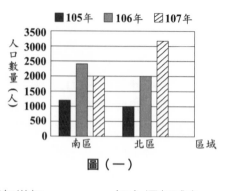

圖（一）

（A）逐年增加　　　　（B）逐年減少

（C）先增加，再減少　（D）先減少，再增加

答：A（詳解請見別冊的範例解析3-20）

 跨域跨科知識

　　每年都有數學的跨領域試題，大多數都結合生活情境與經驗。範例3-21的題目，**看似結合理化的等速率圓周運動，但題目難度不高，只要有圓周與時間的基本概念就能解題。**

 範例3-21

　　圖（十二）的摩天輪上以等間隔的方式設置36個車廂，車廂依順時針方向分別編號為1號到36號，且摩天輪運行時以逆時針方向等速旋轉，旋轉一圈花費30分鐘。若圖（十三）表示21號車廂運行到最高點的情形，則此時經過多少分鐘後，9號車廂才會運行到最高點？【108年教育會考數學科選擇題第18題】

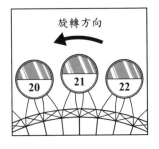

圖（十二）　　　圖（十三）

（A）10　（B）20　（C）15/2　（D）45/2

答：B（詳解請見別冊的範例解析3-21）

圖表判讀、跨域跨科資訊的取得與準備方法

　　1.先弄懂數學的統計、機率相關圖表：在國中數學課較常見的圖表有：長條圖、折線圖、直方圖、圓餅圖、莖葉圖、累積次數分配折線圖、曲線圖、樹狀圖。

　　2.準確理解圖表中的數據和趨勢：從題目的圖表中尋找數據的規律，經過分析歸納或推理應用，來預測圖表想表達的趨勢。例如：範例3-20的長條圖越高，代表人口數量越大。只要將同顏色的南區與北區人口數相加，就得知該年度的該城市人口總數，再判斷城市人口數隨著年度增加或減少。

3.注意其他科目隱藏的數學概念：雖然理化科與數學科比較有關，像是PH值有指數概念，但其實其他科目也可能融入數學。例如：範例3-22是**國文跨數學題**，也就是用國文考數學的排列組合（補充說明：若還可以在選項中搭配諸子各家的代表人物及其主要思想，更能彰顯出國文跨數學科的特色）。

4.以圖像思考法解開跨領域題目：解題時可以把內容轉為圖像來思考，例如：商品打8折是抽象的，但用數線把金額標上便一目了然。再例如：台幣升值時，為何有人能賺匯差，有人卻有匯兌損失？用數線顯示匯率與淨值的關係，可以將抽象的匯差實體化。

 範例3-22

「許行、慎到、公孫龍、申不害、孔丘、李耳、惠施、楊朱、墨翟」上列是諸子聚會報到序，座位一列排開。如果安排屬於同家、或同流派思想接近坐在一起，那諸子聚會總共有幾種坐法？【台中一中107學年度第一學期第二次期中考高三國文試題選擇題第10題】

（A）5！x2x2x2x2　　　（B）6！x2x2x2

（C）7！x2x2　　　　　（D）8！x2

答：B（詳解請見別冊的範例解析3-22）

數學選擇題答題妙招

1.從很長的題目抓出簡單的概念：近年題目加入多元素材，有時變得又臭又長，因此一定要培養快速抓取訊息重點的能力。以前文舉例的範例3-17來說，若快速閱覽題目時，立即掌握「自備容器⋯⋯減5元⋯⋯買250公克且自備容器，需付295元⋯⋯」這些關鍵字，解題就不困難。對於其他的字不需要花太多時間琢磨，可以節省不少時間。

2.從錯誤中學習，避免考試時再犯：從做錯的試題中學習是最佳方法之一，不要怕做錯。**解題過程就是一種思考能力的訓練**，一旦具備這種能力，將來碰到沒見過的題目，便不會無從下手。多試多演練，將做錯的題目建立在錯題筆記中，然後在類題筆記中自己出幾個類題，以後再複習。

3.寫完一題就檢查一題：許多人習慣寫完所有題目才檢查，但這等於又要重新讀一次題目和選項，不如**邊算邊檢查，趁題目印象猶新時檢查，既仔細也較有效率**。最好平常就養成習慣，每做一題就立即檢查，可以安心進入下一題。

4.將選項的答案代入題目：把選項的答案帶回原條件中檢驗，有時可以省去不少的解方程式或計算時間，例如：多位數問題、餘數問題、年齡問題等。我舉以下的例子：

一個三位數的各位數字之和是14，其中十位數字比個位數字小7，如果把這個三位數的百位數字與個位數字對調，得到一個新的三位數，則新的三位數比原三位數大594，則原來的三位數是多少？

（A）329　（B）518　（C）469　（D）734

【方法一】方程法解題：

將原來3位數的百位、十位、個位分別設定為X、Y、Z，那麼根據題意列出方程式：

$X+Y+Z=14$，$Y+7=Z$，$100Z+10Y+X-(100X+10Y+Z)=594$，

解方程求得X＝3，Y＝2，Z＝9

因此本題選A。解題時間估計需要90秒。

【方法二】選項代入法解題：

1. 將選項的3位數相加，發現只有A、B、D三數字的和是14。

2. 十位數比個位數小7，只有A、B。

3. 新與舊的數值相差500以上，只有A的3與9對調才有可能。

因此本題選A。解題時間估計需要30秒。

二、數學非選題

 非選題的題型

　　近幾年，非選擇題幾乎都是跨科跨領域的考題，題目相當活潑，但運用的數學概念不會太難。跨領域的數學題需要較完整的敘述，因此最容易出現在非選擇題。

　　範例3-23的題目，便是**結合交通標誌的製作原理，與圓**

形、扇形及四邊形的面積計算，是鑑別度相當高的好題目。

 範例3-23

預警三角標誌牌用於放置在車道上，告知後方來車前有停置車輛，如圖（二十一）所示。貝貝想製作類似此標誌的圖形，先使用反光材料設計一個物件，如圖（二十二）所示，其中四邊形ABCD為長方形，$\overparen{AB}$、$\overparen{CD}$分別為以$\overline{AB}$、$\overline{CD}$為直徑的半圓，且灰色部分為反光區域。接著，將三個圖（二十二）的物件以圖（二十二）的方式組合並固定，其中固定點O_1、O_2、O_3皆與半圓的圓心重合，且各半圓恰好與長方形的長邊相切，而在圖（二十三）左下方的局部放大圖中，B、E皆為切點，$\overline{AB}$、$\overline{EF}$皆為直徑。【109年教育會考數學科非選擇題第2題】

請根據上述資訊，回答下列問題：

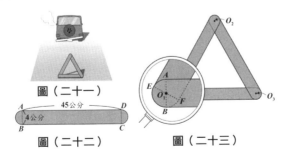

圖（二十一）

圖（二十二）

圖（二十三）

（1）圖（二十三）中∠AO₁F的度數為多少？

（2）根據圖（二十三）的組合方式，求出可看見的反光區域面積為多少？

請詳細解釋或完整寫出你的解題過程，並求出答案。

　　答：（1）120°　　（2）（540＋4π－12√3）平方

　　　　　（詳解請見別冊的範例解析3-23）

　　範例3-24的題目，是**結合理化科的影子與光線、「平行光」與「光的直線進行」概念，來計算物體真實高度**。

範例3-24

在公園有兩座垂直於水平地面且高度不一的圓柱，兩座圓柱後面有一堵與地面互相垂直的牆，且圓柱與牆的距離皆為120公分。敏敏觀察到高度90公分矮圓柱的影子落在地面上，其影長為60公分；而高圓柱的部分影子落在牆上，如圖（二十一）所示。【108年教育會考數學科非選擇題第2題】

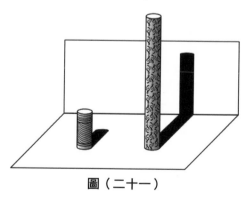

圖（二十一）

已知落在地面上的影子皆與牆面互相垂直，並視太陽光為平行光，在不計圓柱厚度與影子寬度的情況下，請回答下列問題：

（1）若敏敏的身高為150公分，且此刻她的影子完全落在地面上，則影長為多少公分？

（2）若同一時間量得高圓柱落在牆上的影長為150公分，則高圓柱的高度為多少公分？請詳細解釋或完整寫出你的解題過程，並求出答案。

答：（1）100公分　　（2）330公分

（詳解請見別冊的範例解析3-24）

 ## 非選擇題的答題秘招

數學非選擇題的評閱重點，除了與選擇題一樣，重視基本能力與生活應用之外，還重視解題過程中擬訂策略的適切性，以及表達過程的合理性與完整性。因此，**面對數學非選擇題，必須養成親自動筆計算的習慣，並且注意演算過程的書寫格式**。我將注意事項列出如下：

1.重視數學概念與解題邏輯：閱卷老師注重考生用的方法能否解決問題，尤其解題邏輯是否合理更是得分關鍵。

2.過程要寫好，答案要算對：數學非選題一題三級分，兩題共六級分。想要得到全部的分數，列式、計算、答案這三者缺一不可。因此，**不管對題目有沒有把握，一定要盡量寫，有寫就有得分的希望，完全空白一定是零分**。

3.平常練習的題目最好有詳解：既然解題過程也占分數，不能只求解出答案就好。平時練習數學題目，一定要找有詳解的題目來做，但是**不要先看詳解，要自己思考，並練習寫下解題過程與答案，然後才看詳解**。如果有哪個部分回答得不夠明確或錯誤，就要調整訂正。

4.已經會的題目不要一直算：通常第一次就算對的題目，以後很難會做錯。尤其數學需要很多時間準備，應該**多多接觸新的題型，減少重複練習**。

5.對幾何證明要熟悉驗證方法：非選擇題大多是考代數、幾何證明題。**用有條理的方式論述過程**，是解答幾何證明題的重要能力。其他相關的定理與公式、做輔助線，或者將三角形、四邊形與圓的性質互相轉換等，都是常考的部分。

6.公式要清楚，數字要工整：數學解題過程的基本要求是不可以雜亂。最好清楚寫出使用的公式，而且數字要寫得工整明確。當答案紙空間不夠時，可以在旁邊的空白處繼續寫。

4 社會科素養導向命題與答題秘招

　　社會科（包含歷史科、地理科、公民科）是最切合實際生活的考試科目。歷史科教過去的事件，地理科教周遭環境，而公民科則教社會生活。108課綱強調學習內容應用於生活中的重要性，未來評量也將注重學習內容與生活相關議題的結合。

 考題素材

　　社會科是所有科目中，試題數量最多的。考生必須在70分鐘內，解完60至70題，**平均每題僅約1分鐘思考時間**，考驗你的耐心、細心及時間掌控力。

　　108課綱強調，學生要能覺察生活相關議題的重要性，了解不同現象、議題、事件之間的關係。因此，考題素材的多元與變化絕對是未來的命題趨勢。

　　以109年教育會考為例，歷史科考法國大革命、圖片跟年代對應、中國各大朝代政權及疆域認識等。地理科考經緯度的時間計算、捷運地圖跟實際地圖差距的比例尺、國家與大洋的相對位置與氣候等。公民科考對假新聞的媒體識讀能力、需求法則與圖表繪讀能力、匯率對國際貿易影響以及哈

薩克的主要出口商品（公民跨地理）等。

　　範例3-25題目考宜蘭縣的相對位置，**考生需要具備將文字轉換成圖像的能力，並對台灣山脈海岸線有清楚觀念。**

 範例3-25

　　「台灣某行政區的山地面積比例高於75%，100公尺以下平地面積則不到25%。該區平原為數條河川共同沖積而成，甲山脈呈東北─西南走向越過平原西北方，平原南方為乙山脈的北端起點，平原東部則有縱向海岸沙丘分布。」

上述行政區應為下列何者？【109年教育會考社會科選擇題第19題】

（A）南投縣　　　（B）苗栗縣

（C）宜蘭縣　　　（D）台東縣

　　　　　答：C（詳解請見別冊的範例解析3-25）

　　範例3-26題目融入人權教育議題，評量學生能否觀察出照片的訊息，發現建築物設計與南非種族隔離歷史的關聯。

 範例3-26

　　位於非洲的某間主題博物館為了凸顯其特色，設計了如圖（一）照片所示的入口，參觀者購票後會隨機拿

到不同的票卡，須依票卡上的標示從不同的入口進入。該博物館的主題最可能為下列何者？【111年教育會考社會科參考試題本第1題】

（A）多元的部落文化

（B）多樣的傳統產業

（C）種族隔離的歷史事件

（D）貧富差距的社會議題

答：C（詳解請見別冊的範例解析3-26）

此外，範例3-27的題目評量學生能否從社會現象中，發現科技發展與日常生活變化的關係。**從寄信行為的演變，感受科技導致的社會變遷現象。**

 範例3-27

由於現代的網路與即時通訊軟體發達，花蓮地區幾乎很少人寄信，有時一整天下來郵差巡視郵筒收件時，常常連一封信也沒有，因此花蓮郵局決定將花蓮市、吉安鄉等地的路邊郵筒全部裁撤，僅保留郵局前的郵筒。未來不僅當地民眾寄信時必須跑一趟郵局，郵筒豎立路邊的景象也將變得

BLANKES / WHITES：白人
NIE- BLANKES / NON-WHITES：非白人

圖（一）

越來越難見到。根據上述內容判斷，下列何項敘述最適當？【111年教育會考社會科參考試題本第11題】

（A）信件量顯示出人際疏離感增加
（B）科技發展導致社會變遷的現象
（C）郵局收送信件的勞動需求漸增
（D）民眾的秘密通訊自由受到限制

答：B（詳解請見別冊的範例解析3-27）

多元素材的取得與準備方法

1.熟讀課本與講義：社會科課本的寫法相當詳細、圖文並茂，學生熟讀後會有整體概念，並了解重點大綱。因此，正確的準備方式是先讀完課本，再看講義畫重點，最後整理出自己的重點筆記和比較表格。

2.上知天文、下知地理：想要學出社會科的興趣與深度，絕不能只看課本和講義。就如古人說「上知天文、下知地理」，平日必須大量閱讀各種議題文章。

3.相關書籍：公民科有《思辨》、《沒被抓到也算作弊嗎？》，地理科有《地理課沒教的事》、《歷史是誰改寫的？地理知道》，而歷史科則有《漫畫台灣歷史故事》、《寫給年輕人的簡明世界》、《有溫度的台灣》，以及「被遺忘的中國近代史3書」《國父「們」》、《野心家們》、《繼承者們》。此外，綜合

類有《朱敬一講社會科學》，還有以漫畫形式呈現的《不死背！將社會科融會貫通的29個方法》。

　　4.學習教材：有些教科書出版社提供免費的網路學習資源，例如：康軒、南一、翰林等。只要申請帳號，就可以看到各科目的電子課本、補充教材或教學影片。

　　5.線上影音資料：網路無弗屆，許多影音資料不但可以提升學習興趣，還可以提供不同角度的思考方式。例如：「教育部國民中學學習資源網」、「LearnMode 學習吧」、「酷課雲」等的影音資源，幾乎是各個科目都有。

生活情境

　　近年社會科考題中，經常出現與生活經驗結合的例子。下面範例3-28的題目考的是氣象報告的溫度資料，考生必須了解**當強烈大陸冷氣團南下，台灣的天氣通常由北往南逐漸轉涼，緯度越高，氣溫越低，且南北溫差大。**

 範例3-28

圖（十二）為小芬在網路上看到的某日下午一點台灣部分測站的氣溫資料，當時台灣氣溫空間分布的差異與下列何者關係最為密切？【108年教育會考社會科選擇題第20題】

（A）大陸冷氣團逐漸南下
（B）蒸發旺盛形成熱對流
（C）熱帶低氣壓逐漸增強
（D）滯留鋒面持續向北移

答：A（詳解請見別冊的
　　範例解析3-28）

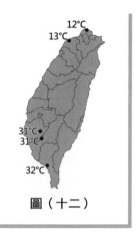

圖（十二）

　　下面範例3-29的題目考的是長條圖的應用，**結合對財務報表的認識與計算，印證「利潤＝銷貨收入－生產成本」的概念。**

 範例3-29

圖（七）為某班園遊會擺設冷飲攤的營收結果，其中甲代表銷貨收入，乙代表利潤。若後來發現生產成本中少列入一筆設備租金費用，在此筆費用列入計算後，圖中甲、乙最可能出現的情況為下列何者？【108年教育會考社會科選擇題第13題】

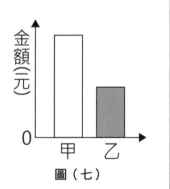

圖（七）

（A）甲不變，乙不變
（B）甲不變，乙下降
（C）甲下降，乙不變
（D）甲下降，乙下降

答：B（詳解請見別冊的範例解析3-29）

情境化生活資訊的取得與準備方法

1.關心社會、觀察生活：對於生活化的考題，考生必須隨時關心社會變化，觀察生活細節，思考如何應用習得的知識，才能在考試時如魚得水。例如：2020年新冠肺炎重創人類生活，除了對生命和財產造成嚴重威脅，你還可以想到哪些層面？觀光旅遊、政治經濟、人際交流、生命健康等，都跟社會科的學習有關。

2.注意報紙社論、新聞評析與雜誌文章：新聞與報紙社論會談論最新且重要的話題，例如：防疫措施、網路學習、勞資關係、國際情勢等，這些都是出題老師很喜歡的材料。例如：《人間福報》2020年3月18日社論，談論「人貨交流的舊思維與新變局」。

3.培養關心生活的情感觸動：社會科教材內容最好化成切身經驗和感動，才不會流於制式與淺薄的知識堆積。例如：讀到大航海時期的歷史，可以去了解日本、西班牙、荷蘭、鄭成功等，為何要冒著海上沉船的危險相繼來台？可以想一想你搬家的原因是什麼？這跟各國爭奪台灣的原因有何相同或相異之處？

4.重視社會議題的生命連結：所有事情至少有正反對立的兩面，甚至有三、四面，還會有許多不同的論

點。因此，對於社會議題的學習，必須思考事件前因後果的背景資料，不能人云亦云，簡化或忽視其連結。例如：同婚專法已經通過，雖然有爭議，但背後真正意義是什麼？為何要制定《性別平等教育法》？你自己有哪些性別偏見？

　　5.養成讀報、剪報習慣：每天看報紙養成閱讀習慣，增強作文詞彙，了解生活大小事，並培養關心社會與國際的胸懷。遇到精彩的文章或圖表資料，可以隨手剪下來收藏。

圖表資料

　　根據歷年社會科考題統計，**圖表題、情境題在總題數中的占比達到6成**。雖然難易度是中間偏易，但題幹都有一定長度且變化度高，考驗同學判讀考點、拆解題型的技巧。

　　範例3-30題目是標準的圖表題，評量考生整合地理與歷史知識、判斷圖表的能力。**解題關鍵是要知道狄亞士首度發現非洲南端的好望角，其經度位於印度與歐洲之間。**

 範例3-30

十五世紀開始，許多歐洲探險家出海探尋通往亞洲的新航路。圖（二十五）是十五世紀至十八世紀部分歐洲探險家到達地區的示意圖，其標示方式僅依照這些地區的經度位置排列，而未考慮其緯度位置。狄亞士

在1487至1488年的探險旅程中到達某洲的最南端，若要在圖中呈現，應標示於何處？【107年教育會考社會科選擇題第56題】

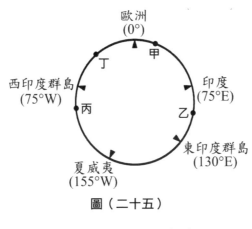

歐洲
(0°)

丁　甲

西印度群島
(75°W)

丙

印度
(75°E)

乙

東印度群島
(130°E)

夏威夷
(155°W)

圖（二十五）

（A）甲　（B）乙　（C）丙　（D）丁

答：A（詳解請見別冊的範例解析3-30）

　　下面範例3-31的題目，**從圖表中機票價錢的高低，可以判斷出國人數多寡，以及淡季與旺季的月份**。出國旅遊是許多學生的共同經驗，以圖表形式結合生活，是未來圖表題的重要趨勢。

 範例3-31

　　圖（十二）為某知名旅遊網站依據2013年至2015年的資料分析，呈現出台灣不同月份的機票價格，與全年度平均票價相比較的情形。若僅根據圖中資訊判

斷，下列何項解讀最合理？【111年教育會考社會科參考試題本第24題】

（A）6月的機票呈現供過於求情況

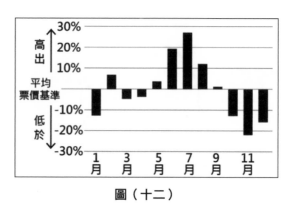

圖（十二）

（B）12月的機票呈現供不應求情況

（C）全年出國人數在11月達到高峰

（D）購買7月機票者主要受偏好影響

答：D（詳解請見別冊的範例解析3-31）

 跨域跨科知識

　　108課綱的各科命題以「核心素養」為趨勢，**考生想在社會科拿到高分，勢必要具備跨領域、跨國界、跨古今中外的綜合解讀能力。**

　　範例3-32的題目，評量同學能否結合台灣地形的分布，**從不同時代的地圖和影像，理解土壤液化的發生機制與原因，判斷土壤液化潛勢區，並發現環境危機。**

範例3-32

1.根據圖（二十八），土
壤液化潛勢區主要分布在
台灣的何種地形區？【111
年教育會考社會科參考試
題本第52題】

（A）平原　（B）丘陵
（C）台地　　（D）山地

圖（二十八）

2.根據圖（二十九）及圖
（三十），從日治時期至
現今，下列關於此地區的
描述何者正確？【111年教
育會考社會科參考試題本
第53題】

（A）河道沖積日益增加　（B）聚落範圍逐漸擴大
（C）養殖漁業益發興盛　（D）生物多樣性逐漸提高

3.根據選文及地圖判斷，圖（二十九）中甲區在該次
地震時出現土壤液化現象，最可能和下列哪個原因有
關？【111年教育會考社會科參考試題本第54題】

（A）位於山麓沖積扇　　（B）過度抽取地下水
（C）土地利用密度太高　（D）建地多為填土而來

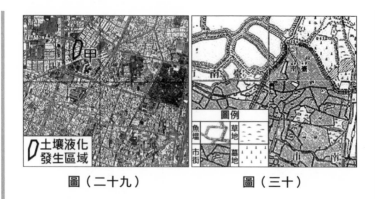

圖（二十九）　　　　　圖（三十）

答：1.A　2.B　3.D

（詳解請見別冊的範例解析3-32）

範例3-33的題目，評量考生能否根據文中提供的資訊，判斷第一小題中**水壩蓄水會對水壩上游環境造成衝擊，以及水庫的水會向周邊擴散，淹沒原有的棲息地**。

第二小題是測驗同學是否**了解埃及現今信仰文化與歷史發展之間的關聯性**。至於第三小題，則是評量**埃及世界文化遺產對世界宗教文化發展的貢獻**。

 範例3-33

1.若沒有聯合國的搶救運動，圖（三十一）中哪處世界遺產在亞斯文高壩完成後，會立即遭到破壞？

【111年教育會考社會科參考試題本第55題】

（A）甲　　（B）乙

（C）丙　　（D）丁

2.表（七）中哪一處
世界遺產，與當今埃
及多數民眾的信仰關
係最為密切？【111
年教育會考社會科參
考試題本第56題】

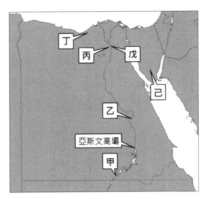

圖（三十一）

表（七）

地圖代號	世界遺產名稱	簡介
甲	努比亞遺址	遺址中的阿布辛貝神廟為古埃及代表性建築，神廟外有四尊20公尺高的法老巨像，神廟內則有描繪法老戰績的壁畫。
乙	底比斯古城及其墓地	底比斯為古埃及的都城，鄰近的帝王谷陵墓，埋葬著多位法老。20世紀法老圖坦卡門陵墓的發現，讓今人見識許多珍貴的古埃及藝品。
丙	孟菲斯及其墓地金字塔	孟菲斯為埃及古王國的首都。現存的神廟、方型石墓及金字塔群遺跡，展現古埃及建築與文明。
丁	阿布米那遺址	西元3世紀時，一位羅馬帝國的軍官，因拒絕殺害基督徒而殉道。這位殉道者的埋葬處，是早期基督教重要的聖地。
戊	開羅古城區	開羅古城區興建於10世紀，是世界最古老的伊斯蘭城市之一，14世紀時進入全盛時期。古城區中盡是典雅的清真寺尖塔，而使開羅擁有「千塔之城」的美譽。
己	聖凱薩琳娜修道院	修道院興建於西元6世紀，是現今世界仍在使用的最古老修道院。修道院坐落在《舊約聖經》中摩西接受上帝「十誡」之處，受到猶太人、基督徒及穆斯林的崇敬，是這些宗教的共同聖地。

（A）乙　（B）丙　（C）丁　（D）戊

3.「聯合國教科文組織」認定丁、戊、己三處遺跡都
　具有「顯著全球重要性」，所以將其列為世界遺產。
　根據表（七）內容判斷，下列哪一敘述最能突顯上述
　特性？【111年教育會考社會科參考試題本第57題】
　（A）反映人類具有相同的宗教儀式與社會規範
　（B）展現埃及信仰文化與自然環境的相互關聯
　（C）揭示古埃及多神信仰對現代世界的影響
　（D）說明埃及在世界宗教發展上的文化貢獻

答：1.A　2.D　3.D

（詳解請見別冊的範例解析3-33）

 ## 時事融入考題

　　在所有考科當中，**社會科最容易出現新聞時事的題目。**
以中美貿易大戰為例，歷史科可以考國際貿易史，地理科可
以考中國、北美洲的產業分布與發展，而公民科則可以考全
球經貿關係、經濟供需法則等理論。

　　範例3-34的題目搭配台灣的選舉時事，列出歷屆總統選
舉中的具投票權人數、具投票權人數比例、投票率等數據，
要考生推導出台灣近年出現的社會現象。

　　**解題關鍵是要從投票權人數比例（20歲以上的人口）的
增加，判讀出20歲以下的人口比例逐年降低，是少子化的現
象。**

範例3-34

我國總統自直接民選以來，歷屆總統、副總統選舉的選舉資料概況，如表（十）所示。根據表中資料判斷，可對近年的社會現象做出何項推論？【108年教育會考社會科選擇題第53題】

表（十）

歷屆	總人數（萬人）	具投票權人數（萬人）	具投票權人數比例（％）	投票率（％）
9	2131	1431	67.16	76.04
10	2213	1546	69.86	82.69
11	2257	1650	73.12	80.28
12	2292	1732	75.56	76.33
13	2322	1808	77.88	74.38
14	2348	1878	79.98	66.27

（A）人口結構顯示出少子化現象

（B）民眾政治參與意願逐年上升

（C）自然增加率大於社會增加率

（D）政黨輪替後兩黨制日趨成型

答：A（詳解請見別冊的範例解析3-34）

　　第224頁的範例3-35題目中，考生要從**5個不同時空的歷史事件，綜合判斷這個宣導影片的播放地點與時間。**因此，平日必須養成以時間軸為主的橫向歷史觀，比較同一時期內

不同國家發生的重大事件。

 範例3-35

表（五）是某時期官方所播放的時事宣傳影片，根據內容判斷，這些影片最可能在下列何時何地播放？【107年教育會考社會科選擇題第39題】

表（五）

影片名稱
德國空軍與英國艦隊壯烈的交戰
日德義同盟
納粹德國國防軍的活躍
慶祝滿洲建國十週年
夏威夷大空襲

（A）第一次世界大戰期間的北京
（B）第一次世界大戰期間的東京
（C）第二次世界大戰期間的台北
（D）第二次世界大戰期間的重慶

答：C（詳解請見別冊的範例解析3-35）

圖表判讀、跨域跨科、新聞時事資訊的取得與準備方法

1.理解課本內的主題圖表：社會科的圖表題和情境題約占總題數的六成，有不少來自課本內主題圖表的變

形。面對冗長文字與大量圖表的題目，應答要快狠準，尤其需要細心、耐心和專注。平時複習時，大量練習圖表相關類型的題目，徹底弄懂課本裡的主題圖表，並比較相關歷史圖或地形圖的異同。

2.按主題蒐集跨域跨科資料：社會科的跨域跨科題目不斷增加，是各科之冠。準備時，要注意與其他科目的整合，並按照主題蒐集相關資料。例如：天氣與氣候跟地球科學高度相關；自然資源與環境保護跟生物、化學相關。另外，教育部地理學科中心發行的電子報，經由圖表化與生活化的知識，引導讀者學習地理新知。

3.重視時事題的課程延伸：時事題是各種大考的常客，例如：109年學測出現中美貿易大戰、新冠病毒。教育部地理學科中心有「地理時事專區」，以及市面上已出版的《新聞地理》，教導很多從時事延伸課程學習內容的方法。

4.由小到大、由近而遠的系統學習：要先從周遭環境開始，了解自己的家族史，再熟悉街坊鄰里、社區和城市的風土人情，擴及國家的歷史與地理，最後才是世界各地。透過這樣的系統學習，能獲得歷史與地理的整體概念，可以用「專案主題學習」的方式，比較世界各國與民族的異同。地理的學習主題系統，聚焦在各個區域的位置與範圍、天氣與氣候、人口民族與文化，以及經濟活動。

5.跨文史領域的《吳姊姊講歷史故事》：從歷史故事中汲取人生智慧和教訓，是讀史書的最大優點。這套

書完整介紹中華民族歷史，遣詞用句有一定深度，能提升長篇文章的閱讀素養，增加語文能力，以及了解歷史文化，很適合青少年閱讀。

6.關心在地歷史文化與活動：台灣有上百座博物館，例如：故宮博物院、台灣博物館、歷史博物館、中正紀念堂、國父紀念館、台北探索館、郵政博物館、海關博物館、國軍歷史文物館、九二一地震教育園區等。這些機構經常舉辦有關台灣歷史、地理、自然人文環境的展覽。而且，許多社區有地方文史館、地方文史研究協會，也經常辦理在地文史探索活動。

 ## 社會科答題秘招

1.從關鍵字回想概念：社會科題目的敘述都很長，因此務必耐心讀完題目，從中找出核心關鍵字，然後回想課本內可用到的相關概念，再進行選項判斷與作答。

2.了解事件因果關係：歷史科題目重視時間、地點、人物，以及事件之間的因果關係。所以，了解重大事件的原因與結果，導出事件變化的歷史意義，便能感同身受。

3.重視課本內容的轉折語句：歷史事件的描述、地理主題的呈現，公民生活知識的傳達，都是因果關係的組合。例如：「因為」、「由於」是講「因」，而「所以」、「導致」則是講「果」。這些因果關係的轉折語句，是考試重點所在。

4.從點、線、面到整個時代的掌握：每個歷史事件是「點」，事件的前因後果是「線」，而不同地方同一時間內發生的事件構成「面」。如此一來，必定可以掌握時代的特色、精神及重要發展趨勢。

5.比較近似概念的差異：就像在聽故事，比較不同故事的異同，並用自己的方法重新詮釋。透過掌握每個時代的歷史，輔以重要概念與史實的累積，形成自己的知識架構。

6.以繪圖製表方式學習：地理科的學習與歷史不同，歷史注重時間序列，地理重視「空間分布」。研讀地理時，要回歸課本的基本圖表，清楚理解主題圖背後的核心意涵。

7.了解各科出題重點：歷史科基本上以台灣史最重要，其次是中國史與世界史。地理科出題依序為世界地理最多、台灣地理次之，中國地理最少。公民科以政治、法律、經濟及全球化較為重要，素材生活化，例如：比較利益、民事責任、經濟生活循環圖等。

8.避免粗心掉入陷阱：社會科的題目相當靈活，只要稍微粗心就會出錯。例如：弄錯地理方向與位置、搞錯南北半球季節、看錯圖表縱橫座標。千萬不要因為粗心而讓自己後悔，請記住：「**高度壓力下的考試就像雙方實力相當的球賽，輸贏的關鍵不是誰得分比較多，而是誰失誤比較少！**」

5 自然科素養導向命題與答題秘招

　　自然科（包含理化、生物、地球科學）是探討大自然現象的科學，也是與生活密切相關的科目。近年，教育會考自然科加入環境、海洋、科技、能源、安全、防災等議題的考題，希望引導同學更加關心自然環境。

 考題素材

　　自然科的試題分配，大致上維持**理化50%、生物25%、地科各25%的比例**，再加入幾題跨科整合試題。除了學習科學知識之外，還必須培養探究能力與科學態度，而且實驗與圖表題的占分比重越來越高，都是自然科的特色。

　　以109年教育會考為例，生物考某些動物的學名會不會因年齡而改變，以及肺炎鏈球菌等。理化注重生活科學與素養題，例如：羽毛球的軌跡與重力位能的變化、巧克力是否會溶化在手中、輪軸物體與手在同側或異側造成升降不同、潛水時浮力與重力的關係、竹筍苦味的來源等。地科的部分變化較少，包括颱風性質、岩層判斷、太陽系與大氣等。

　　範例3-36的題目，**根據坐飛機的經驗，從一張照片中月亮的形狀與方位，可以判斷出航行方向與當時的時間。**

範例3-36

某次小哲寒假出國旅行途中，發現飛機上方無雲，但下方卻有一片雲海，此時東方的滿月剛好升起。他朝向座位右側窗外拍攝了一張照片，如圖（三十二）所示，此時飛機位於北緯35度附近、高度約為1萬2千公尺。小哲回家查詢資料後，認為拍攝此照片時，飛機高度大致位於大氣分層中的甲層頂部和乙層底部的交界附近。

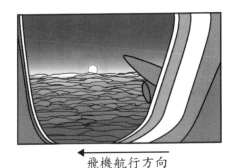

← 飛機航行方向

圖（三十二）

關於小哲拍攝此張照片時，他所在位置的當地時間與當時飛機航行的方向，最有可能是下列何者？【109年教育會考自然科選擇題第48題】

（A）傍晚6點，航向北方　（B）傍晚6點，航向南方
（C）清晨6點，航向北方　（D）清晨6點，航向南方

答：A（詳解請見別冊的範例解析3-36）

範例3-37的題目是以颱風為主題，從氣象預報的颱風路徑預測圖，解讀颱風動態，做為防災的參考。**本題考的重要概念是「預測日期離當下時間越遠，颱風路徑的預測範圍就會變大。**

 範例3-37

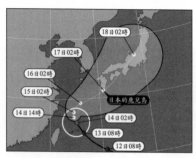

圖（三十四）

「颱風路徑潛勢預測圖」可用來表示颱風中心未來可能移入的範圍。圖（三十四）為2017年9月14日02時中央氣象局所做的颱風路徑潛勢預測圖，代表在該時間點預測未來四天內颱風中心有70%的機會，出現在圖中黑色線條所圈出的範圍之內。圖中白色線條所圈出的圓圈則代表2017年9月14日02時，當時颱風風力達7級的暴風圈範圍，當位於此區域內時，颱風的風力較強，平均風速可達每秒14公尺以上，容易有災害產生。

1.根據圖（三十四）及上述說明，自2017年9月14日02時至18日02時，黑色線條所圈出的涵蓋範圍逐漸變大，其代表的意涵最有可能為何？【111年教育會考自然科參考試題本第44題】

（A）隨著時間推移，颱風暴風圈的實際範圍變大

（B）颱風離開後帶來西南氣流，造成的降雨範圍變大

（C）預測日期離當下時間越遠，颱風移動路徑的預測範圍變大

（D）颱風逐漸接近日本的鹿兒島時，當地受風雨影響的範圍變大

2.氣象主播常會根據颱風路徑潛勢圖來播報未來颱風的動向。若根據圖（三十四）可提供的資訊來進行播報，下列何者最可能是正確的播報內容？【111年教育會考自然科參考試題本第45題】

（A）9月14日至18日間的颱風行進速度將持續減慢

（B）颱風7級風暴風圈的範圍將於9月18日02時達到最大

（C）颱風中心於9月14日至18日間登陸台灣本島的機率很低

（D）目前可確定颱風中心將於9月17日02時登陸日本的鹿兒島

答：1.C　2.C（詳解請見別冊的範例解析3-37）

範例3-38的題目是以生活中常見的漸層飲料為素材，**評量同學對酸鹼鹽、氫離子與氫氧根離子 、水溶液pH值的概念**，並結合生物知識，利用**植物花青素在不同酸鹼性溶液中的顏色變化**，來創新實驗流程與結果。

 範例3-38

市面上很夯的漸層飲料，是由藍色蝶豆花原汁（內含青花素）搭配其他溶液調配而成。蝶豆花原汁的pH值約為6.5，接觸不同pH值液體時會呈現不同的顏色，如圖（三十六）所示。

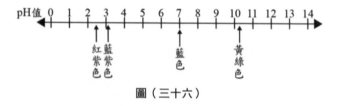

圖（三十六）

調配漸層飲料需考慮不同溶液間的密度差異及互溶性，以下實驗是為了研究漸層飲料的製造過程，實驗中還會使用檸檬汁與果糖糖漿，其pH值依序是2.2與7。

實驗：進行漸層溶液的調配。
先取20mL的果糖糖漿加入試管中，再取20mL的檸檬汁緩慢加入同一個試管中，最後在試管中，緩慢加入蝶豆花原汁20mL。依序加入溶液的過程中，需盡量避免攪動已加入的溶液層。從溶液倒入後開始觀察並記錄試管內的變化。

實驗結果：

實驗初期，蝶豆花原汁會漸漸滲入檸檬汁層，而使溶液產生漸層。果糖糖漿層保持原狀。

靜置數分鐘後，因蝶豆花原汁與檸檬汁兩者密度不同，且彼此可互溶，最後會混合成一層，如圖（三十七）所示。

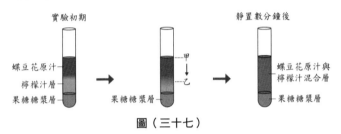

圖（三十七）

1.根據文中資訊，關於溶液中的[H⁺]或[OH⁻]的比較，下列何者正確？【111年教育會考自然科參考試題本第48題】

（A）檸檬汁的$[H^+]$比蝶豆花原汁的$[H^+]$小

（B）蝶豆花原汁的$[H^+]$比果糖糖漿的$[H^+]$小

（C）檸檬汁的$[OH^-]$比蝶豆花原汁的$[OH^-]$小

（D）果糖糖漿中的$[OH^-]$比蝶豆花原汁的$[OH^-]$小

2.關於圖（三十七）試管中由甲至乙範圍內的顏色漸層變化，下列何者正確？【111年教育會考自然科參考試題本第49題】

（A）顏色由藍色變成紅紫色

（B）顏色由紅紫色變成藍色

（C）顏色由藍色變成黃綠色

（D）顏色由黃綠色變成藍色

3.若想換掉蝶豆花原汁,設計其他漸層溶液,依照原實驗設計原理,可替代蝶豆花原汁的液體應具有下列何種性質?【111年教育會考自然科參考試題本第50題】

（A）在不同密度的液體中,會呈現不同的顏色

（B）在不同密度的液體中,會呈現不同的溶解度

（C）在不同$[H^+]$的液體中,會呈現不同的顏色

（D）在不同$[H^+]$的液體中,會呈現不同的溶解度

答:1.C　2.A　3.C

（詳解請見別冊的範例解析3-38）

多元素材的取得與準備方法

1.考題重點固定,考古題非常有效: 自然科的學習內容與範圍,較少因為課綱而大幅改變,學習重點集中且固定,因此熟練過去10年的考古題,就能大致掌握考題方向。

（1）理化: 包括吸放熱與三態變化、密度比熱與濃度、元素與化合物、化學反應、反應速率、電解質與酸鹼鹽、有機化合物、浮力與壓力、牛頓運動定律、功與能、光影像與顏色、電路與電池等。

（2）生物: 包括動植物分類與運輸、染色體與基因、神經內分泌系統、消化與酵素、向性恆定與擴散等。

（3）**地科**：包括氣候（高低氣壓與鋒面）、岩層與礦物、地震颱風土石流、日地月關係、太陽系與宇宙。

2.涉獵課外讀物，累積大自然知識：不少同學覺得，自然與數學都很難，若數學不好，自然科也一定不會好。其實自然科重視自然現象的觀察與探索，只要保有好奇心、願意追根究底，自然科就有救。課本內容包羅萬象，但有時比較枯燥乏味，想要學出興趣，課外讀物不可少。

（1）**科普優良讀物**：較專業的是《超科少年》套書、《科學閱讀素養》系列。較通俗的是《哆啦A夢科學任意門》系列、《中小學生必讀科學常備用書：NEW全彩圖解觀念生物、地球科學、化學、物理》套書、《國中理化一點都不難》，以及《科學少年》。《科學少年》當中，有很多單元搭配國中理化、生物、地球科學的概念編寫，還有科學實驗補充、單元測驗及延伸思考。

（2）**科學學習網站**：許多網站有很多科學學習資源可供運用，例如：曾榮獲全國十大科學優質網站的「科學小芽子」，非常適合國中小學生；台灣最大的科學知識社群「PanSci泛科學」會深入討論科學時事與議題。另外，「台灣教育資源網」有很多科學學習網站的連結與介紹，其QRcode如右。

（3）**科學相關雜誌與刊物**：較艱深的有《科學人》、《科學月刊》雜誌，較普及的有《Newton牛頓科學雜誌》（2018年停刊，但之前出版的內容相當優

質）。《國家地理》雜誌中文版的內容從深海到外太空，從自然環境到尖端科技。此外，跨科普與工程的有《How it works知識大圖解》國際中文版、《BBC知識》國際中文版，適合程度較好的學生學習。

（4）**資優科學或競賽**：自然科程度不錯的同學，可以接觸資優教育或科學競賽的活動、書籍、課程或試題。例如：「全國科學探究競賽——這樣教我就懂」、遠哲科學體驗營、旺宏科學獎、索尼（Sony）創意科學大賞、台積電盃青年尬科學、全國科學展覽與各縣市地區舉辦的科學競賽活動，以及國高中數理資優班和科學班的試題。

 生活情境

近年自然科試題有幾個特色：與生活情境結合、多圖表、多實驗操作題、跨領域。圖表題大多會提供重要線索，讓學生從中找到解題依據。

其中，應用生活情境解決生活問題的題目，占最高比例。範例3-39的題目以蚊子為素材，**從防蚊產品的成分物質切入，結合化學的溶沸點分析，來判斷成分物質的屬性與類別**。

 範例3-39

部分市售的防蚊產品以「敵避」為主要成分，「敵

避」分子式為$C_{12}H_{17}NO$，熔點為$-45℃$，沸點為$290℃$，是一種具有驅蚊功效的物質。在常溫常壓下，「敵避」應屬於下列何種物質？【108年教育會考自然科選擇題第27題】

（A）液體聚合物　　（B）液體化合物

（C）固體聚合物　　（D）固體化合物

答：B（詳解請見別冊的範例解析3-39）

情境化生活資訊的取得與準備方法

1.專有名詞與自然現象的連結：真實生活中出現的自然現象與概念，是考題焦點。尤其自然科概念通常都以專有名詞的形式出現，因此你要在自然現象與專有名詞的連結上多下功夫。例如：會考不會問「淺源地震」、「三態變化」是什麼，而是藉由實際的地震、冰雹、雲霧、水蒸氣烤箱等經驗，與這些專有名詞連結，要考生根據專有名詞的概念來解題。

2.生活科學或遊戲原理的運用：這類型題目的難度較高，長度較長，需要耐心閱讀與理解。尤其生活中常見的現象或科學遊戲，都蘊含科學原理，例如：樟腦是利用什麼成分製造火藥？既然近視眼鏡是凸的凹透鏡所製成，為什麼不乾脆用平的透鏡？怎麼自己動手做一個小型發電機呢？因此，平日接觸這些問題時，要徹底了

解其科學意義與內涵，才能在面對考題時，結合科學知識，思考解題之道。

3.理化占分最多，學習單元也最多：自然科需要學習的內容，包含生物12單元、理化18單元、地科5單元。其中理化單元內容最多，也相對較難。但近年計算題越來越少，擺脫以往複雜過程，只需要簡單運算即可解題，而且基本題約占一半，千萬不能放棄。

4.生物貼合生理與環境，最接近人類生活：生物的題目不但生活化且具體可見，而且題型變化較少，容易從題目線索中找出概念，又沒有計算題。因此，只要掌握課本的核心概念，相對上比理化容易拿分。

5.地科單元最少，得分報酬率最高：地科只有5個常考單元、題型變化較少，加上出題比例與生物相當，將近自然科的25%，因此得分效益極高。尤其接近會考時，這種科目最值得列為下功夫的首選。

 圖表資料

自然科持續增加生活化試題的比例，評量重點也強調科學過程與技能應用，希望學生能從圖表和報告中解讀資料，進而解決問題。因此，近年自然科已有75%的圖表題。

範例3-40的題目，**從不同茶葉所含酵素在高低溫烘培過程中具有的活性大小**，考驗學生解讀圖表資訊與統整概念的能力。

範例3-40

已知利用相同茶樹的葉片但不同的製作過程，可得綠茶及紅茶。茶葉中所含的酵素X在超過70℃後，就無法再有催化能力。圖（二十三）為

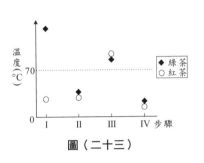

圖（二十三）

製作綠茶及紅茶時的四個步驟（依序由步驟I→II→III→IV）及其溫度調控示意圖，比較四個步驟中綠茶及紅茶的酵素X之活性，下列何者最合理？【108年教育會考自然科選擇題第45題】

（A）步驟I結束時：綠茶＞紅茶
（B）步驟II結束時：綠茶＝紅茶
（C）步驟III結束時：綠茶＜紅茶
（D）步驟IV結束時：綠茶＝紅茶

答：D（詳解請見別冊的範例解析3-40）

 跨域跨科知識

　　近年自然科的計算題比例逐漸降低，出現更多跨領域跨科目的考題。解題關鍵在於，在生活中運用像是活性、密度

等基本的科學概念。也就是說，**跨領域科學能力的培養，應該大於科學計算的訓練。**

範例3-41的題目是地科與地理的跨領域結合。**若河床的坡度陡、河水的水流量大或是流速較快，搬運的力量就會比較明顯，此時搬運物顆粒越大，但搬運量較少，而搬運距離越遠，被搬運的石頭越容易被磨圓、磨平。**

 範例3-41

小美在同一條河川的上游與下游河谷，分別採集了當地河谷中主要外觀類型的石頭，並依採集地點分成甲、乙兩組。已知這兩組石頭的組成成分皆相同，但甲組表面具有明顯稜角，乙組表面則光滑平坦且大致呈橢圓形，如圖（五）所示。關於甲、乙兩組石頭的採集地點與造成兩組石頭外觀差異的推論，下列何者最合理？【108年教育會考自然科選擇題第11題】

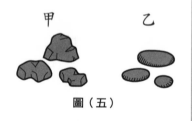

圖（五）

（A）甲組位於下游河谷，因搬運距離較遠而撞出稜角

（B）乙組位於下游河谷，因搬運距離較遠而磨圓磨平

（C）甲組位於上游河谷，因搬運能力較下游弱，容易撞出稜角

（D）乙組位於上游河谷，因搬運能力較下游弱，容

易磨圓磨平

答：B（詳解請見別冊的範例解析3-41）

圖表判讀、跨域跨科資訊的取得與準備方法

1.善用圖表幫助記憶，將重點寫在圖上：圖表題的困難之處在於，無法用背來的知識解題，因此平常就要將重點整理成「圖表筆記」，重點讓直接呈現在圖表上。考生必須徹底了解學習的內容，並且擷取重點，發展原理概念，最後將結果化為圖表，這就是「科學閱讀素養」訓練。

2.運用科技學習跨域跨科知識：自然科本身就是跨域跨科學習，物理、化學、生物、地科與跨領域相當密切。因此，想學好跨域跨科的知識，要多接觸相關活動與競賽。例如：生物課的「血液循環APP」；化學課的「ChemSpider App」；Win 10有「A-level Physics Videos」APP，將影片按照物理課程分類，是很好的跨域跨科數位課程。

3.多參與跨域跨科的實作活動：除了網路科技是學習利器之外，國內常見的各種科學相關活動，例如：科學魔術、科學遊戲、科學展覽、創客活動、科學實驗活動等，都是學習科學探究與跨域跨科知識的最佳教材。

比方說，從魔法噴泉、自動充氣袋子、神秘數字等科學魔術，可以學習日常生活中的物理和化學變化，以及大氣壓力、摩擦力、地心引力等科學常識，很容易出現在考題中。

 ## 實驗流程與問題探究

自然科重視考生在課堂上操作實驗的能力，逐年增加實驗相關試題，其目的是呼應新課綱，要讓學生動手操作，培養探究能力。實驗考題的重要方向包括了科學方法中的假說、實驗設計與過程、結果分析。

所以，**考生必須熟悉各個單元的實驗，例如：溶液配製、酸鹼滴定、皂化、竹筷乾餾、打點計時器，以及滑車等。**

範例3-42的題目是化學實驗常考的溶液配製。考生不僅**要會計算氫氧化鈉（NaOH）的分子量、莫耳數，以及溶液的體積莫耳濃度和密度，還要了解量測誤差對結果的影響。**

 ## 範例3-42

小葵查詢相關資料後，知道要配製某種濃度的NaOH水溶液100mL，需加入NaOH 16.0g，圖（二十八）的步驟一至步驟四為她在室溫下進行此濃度溶液配製，以及溶液密度測量的步驟示意圖。步驟四完成後，經老師提醒，才知道燒杯上的刻度標示僅為參考

之用，誤差較大，所以小葵待溶液溫度回到室溫後，再以量筒測量溶液的總體積如步驟五所示。

依測量的結果可知，用此方法和器材配製溶液確實會有較大的差異，應改用容量瓶等器材來配製溶液。

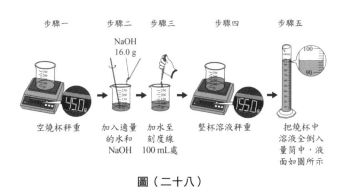

圖（二十八）

1. 小葵原本想配製的溶液體積莫耳濃度，以及實際配製出的濃度依序為何？（H、O和 Na 的原子量分別為1、16和23）【108年教育會考自然科選擇題第53題】
（A）0.4 M、小於 0.4 M　　（B）0.4 M、大於 0.4 M
（C）4.0 M、小於 4.0 M　　（D）4.0 M、大於 4.0 M

2. 小葵實際配製出的溶液密度最接近下列何者？【108年教育會考自然科選擇題第54題】
（A）0.86 g/cm3　　　（B）1.10 g/cm3
（C）1.16 g/cm3　　　（D）1.22 g/cm3

答：1.D　2.C（詳解請見別冊的範例解析3-42）

其次，為了因應十二年國教課綱強調的核心素養，未來評量探究能 試題比例會適量增加。**近幾年考的探究能力多半都是評量如何應用證據、解釋現象，同時也會結合實驗設計的命題。**同學要能透過實驗設計來印證實驗假設。

範例3-43的題目，是從外界氣溫與溼度的變化，來觀察分析「體感溫度」與「酷熱指數」的關係，並選出敘述正確的選項。**這是一種從表格內複雜資訊探究其規律，並推論結果的題型。**

 範例3-43

人體真正感受到的溫度稱為體感溫度，而酷熱指數是其中一種綜合氣溫和溼度來代表體感溫度的指數。人體透過排汗來降溫，過程中水分會蒸發並從人體帶走熱量，當環境未能及時將人體多餘熱量帶走時，可能會使人出現中暑等症狀，故從事戶外活動時可參考酷熱指數，以避免中暑。

表（四）為不同氣溫與溼度下的體感溫度對照表，而體感溫度對人體的影響又可分為四個不同酷熱指數等級。

根據表（四），下列敘述何者正確？【107年教育會考自然科選擇題第53題】

（A）不管外界氣溫與溼度如何變化，體感溫度都會比當時的氣溫還高

（B）不管氣溫如何變化，當溼度為100%，酷熱指數皆屬極度危險等級

（C）當氣溫為30℃且溼度超過50%時，體感溫度都
　　會比當時的氣溫高

（D）當氣溫為31℃且溼度很高時，酷熱指數可能會
　　達到極度危險等級

表（四）

體感溫度(℃)		氣溫(℃)												
		27	28	29	30	31	32	33	34	36	37	38	39	40
溼度(%)	40	27	27	28	29	31	33	34	36	38	41	43	46	48
	45	27	28	29	31	32	34	36	38	40	43	46	48	51
	50	27	28	29	31	33	35	37	39	42	45	48	51	55
	55	27	29	30	32	34	36	38	41	44	47	51	54	58
	60	28	29	31	33	35	38	41	43	47	51	54	58	
	65	28	29	32	34	37	39	42	46	49	53	58		
	70	28	30	32	35	38	41	44	48	52	57			
	75	29	31	33	36	39	43	47	51	56				
	80	29	32	34	38	41	45	49	54					
	85	29	32	36	39	43	47	52	57					
	90	30	33	37	41	45	50	55						
	95	30	34	38	42	47	53							
	100	31	35	39	44	49	56							

□ 警告
　 嚴重警告
　 危險
　 極度危險

酷熱指數等級	可能的影響
警告	長時間曝曬與活動可能導致疲勞
嚴重警告	長時間曝曬容易出現中暑、熱衰竭等症狀
危險	長時間曝曬相當容易出現中暑、熱衰竭等症狀
極度危險	長時間曝曬極度容易出現中暑、熱衰竭等症狀

答：C（詳解請見別冊的範例解析3-43）

實驗探究資訊的取得與準備方法

1.實驗考題逐年增加，重視實驗設計與操作：實驗題是自然科的最大特色，重視實驗的設計、操作步驟與結果解釋。這些通常以圖表方式呈現，因此準備時要掌握實驗的目的、原理、步驟、器材名稱與使用、數據整理分析，以及結果的討論與圖表判讀等。

2.素養考題逐年增加，重視科學探究與態度：108課綱評量偏向素養導向，題目容易出現大量的步驟或圖表，考生必須從中抓到關鍵字、理解考點，才能順利解題拿分。

3.多參與科學實驗競賽與探究活動：與自然科相關的科學競賽或探究活動，都蘊含重要的自然原理，參加這些活動不僅可以培養科學興趣，還能快速提升對科學探究與發現過程的理解能力，對應考幫助很大。

4.多注意最近流行的自然科學探究主題：以108年流行的蝶豆花變色飲品（酸鹼探究）為例，就出現在當年度自然科參考試題中（範例3-37），未來很可能成為真正考題。其他還有：

（1）螞蟻生態盒子：透過微型攝影機的錄影，觀察螞蟻是否有系統分工合作的現象，以及螞蟻與蚜蟲的共生，了解螞蟻是「社會性昆蟲」組織最進化的類群之一。

（2）**蛋的烹調科學**：利用蛋黃的密度小於蛋白，讓蛋在滾水中不斷滾動，最後可以得到一顆蛋黃在正中心的水煮蛋。

（3）**假鮭魚卵晶球**：以海藻酸鈉和乳酸鈣的晶球化反應，製作假鮭魚卵晶球，並透過觀察海藻酸鈉水溶液與晶球薄膜，認識聚合物有鏈狀和網狀的化學結構。

（4）**蓮葉出淤泥而不染**：從蓮葉具備特殊的奈米物理結構與化學物質能自潔防水，來學習跨領域奈米碳黑的蓮葉效應。

自然科準備與答題妙招

● 1. 重視基本觀念的熟練，放棄艱難考題

根據近年統計，自然科考驗計算能力的題目不會超過10題，其中一半以上屬於基本觀念的簡單運算。因此，準備時不要浪費時間在艱澀或大量計算的難題上，只要弄清楚基本觀念和定義，再小心計算即可。

● 2. 初學的定理、證明或公式要親自演練

對於定理、證明與公式，一定要找歷屆考題來親自演練，這樣對於公式成立的條件、適用狀況、關鍵步驟、推算技巧會有較深入的體會，將來可以舉一反三。

● 3. 化學有一半以上的內容需要記憶

化學是自然現象與規則的歸納，有必須理解的部分，也

有必須背誦的部分。例如：元素週期表的第一、二週期是氫氦鋰鈹硼碳氮氧氟氖、鈉鎂鋁矽磷硫氯氬（諧音：侵害鯉皮捧碳蛋養福奶、那美女襲林留綠牙）。金屬活性是鉀＞鈉＞鈣＞鎂＞鋁＞碳＞鋅＞鐵＞錫＞鉛＞氫＞銅＞汞＞銀＞鉑＞金（諧音：賈娜蓋美女、嘆心鐵洗錢、清、總共一百斤）。

不要認為理科只需要理解而堅持不背，**在國中階段的化學課程中，有些原理原則要到高中才會深入說明，因此考試會用到的內容不背下來，解題會有困難**。

● 4. 注意新聞時事與自然科學原理的關係

這是每年會考都會出現的題型。例如：2020年「新冠病毒」是最佳素材，**生物可以考病毒的生命現象，理化可以考治療新冠病毒可能有效的藥物「瑞德希韋」（Remdesivir）中的抑制原理或反應機制**。

另外，中央氣象局自109年1月1日起，將現行分成8級的地震震度改為10級，如圖3-2。**新制的震度**雖然分為10級，但沒有8級、9級與10級的稱號，而是**將原先的5、6級分別細分為5弱、5強、6弱、6強**。其原因在於舊制的5級（強震）與6級（烈震）區間較寬，不利區分災情差別。

▶▶ 圖3-2 地震震度分級表（資料來源：中央氣象局）

中央氣象局現行地震震度分級表

震度	0級	1級	2級	3級	4級	5級	6級	7級
加速度 cm/sec²		0.8 2.5	8.0	25	80	250	400	

（沒有考慮加速度持續時間）

中央氣象局新制地震震度分級表（109年1月1日起）

震度	0級	1級	2級	3級	4級	5弱	5強	6弱	6強	7級
加速度 cm/sec²		0.8	2.5	8.0	25	80				
速度 cm/sec						15	30	50	80	140

（速度劃分，已考慮加速度實際之影響）

6 寫作測驗素養導向命題與答題秘招

　　從近年教育會考的寫作測驗題型可以發現，命題式作文逐漸被各種形式和文體的考題取代。國語文寫作測驗從107年開始，正式與國文分離而獨立施測。因此，寫作測驗的重要性不亞於國文或任何他學科，是創造性最高的一科。

 教育會考寫作測驗示例

　　考生必須理解文字與圖表的意涵，寫出引文要表達的觀念或價值，並依據生活經驗寫出體驗與意見。因此，在時間有限的情況下，拿到試卷後，必須3分鐘內判讀題目的要求與走向，列出作文大綱，構思段落內容，營造起承轉合的意境。下面以107年的寫作測驗題目為例，詳細說明。

● **1. 關鍵字判題與破題**

　　寫文章最基礎的第一步就是判題。寫作測驗與命題作文的差異，只是換個方式來測試考生的判題技巧。最常用的判題技巧是抓取關鍵字，加上精確的解題步驟，才能抽絲剝繭，找出題目文字背後隱藏的意義。

　　對於「我們這個世代」題目，你必須在眾多資訊中擷取

主要訊息，整理出自己的綜合看法。可用個人經驗為基礎，結合題目與生活議題，整合所思、所見、所想，還需要歸納、論述或批判，表達看法、省思及期待，才能寫出深度。

● 2. 擬出寫作大綱與架構

題目中舉例的直播、動漫、果凍世代都可以當做內容方向，請選擇你較喜歡、較熟悉的主題。**寫作前先擬出一份合適的大綱，有助於寫出結構嚴謹、脈絡清晰的文章**。相信大多數國中生都有使用手機的經驗，以下我用手機作為寫作主軸來舉例，如第252頁的圖3-3。

擬出大綱後，要毫不猶豫開始動筆。雖然寫作測驗的時間是50分鐘，但每年**六級分的佳作都至少寫1.5張作文紙**，而寫作測驗的作文紙一張有23行，每行有22個字，因此概算為800個字。在扣除擬訂大綱3分鐘、發呆2分鐘後，差不多45分鐘要寫800個字，**每分鐘大約要寫18個字**。

● 3. 大量閱讀與練習

平常有系統地練習各種寫作類型與題材，是提升判題精準度與文章吸睛度的不二法門。如果沒有大量閱讀，累積對日常時事的看法與跨領域的常識，就無法寫出有深度、有內涵、能感人的文章。因此，**平常養成閱讀習慣，練習解讀文章意涵，同時結合時事討論**。

● 4. 寫作測驗評分規準

寫作測驗的目的是期望透過各種類型與題材，評量考生表達見聞與思想的能力，其中包含立意取材、結構組織、遣

▶▶ 圖3-3　在題目紙上寫下大綱（「起承轉合」四段論證）

請閱讀以下提示，並按題意要求完成一篇文章。

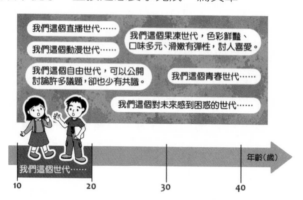

每個世代都有其關注的事物、困擾的問題，或是對未來的想像，構成了各個世代的精采面貌。你覺得自己這個世代有什麼樣的特質？這些特質也許是刻板印象，也許是你身處其中的真實觀察。**請以「我們這個世代」為題，寫下你的經驗、感受或想法。**

※不可在文中洩漏私人身分　※不可使用詩歌體

一、起
1.人手一機的科技世代
2.人多車多手機多，人情越來越淡薄
二、承
1.科技始終來自人性，卻嚴重影響人性

2.大自然風光依舊，人們卻寧願看手機的照片
三、轉
1.功能越加強大，網路成癮上身
2.虛擬世界放話，人際交往複雜
四、合
1.謹守手機使用分際，遠離網路危害
2.健康上網快樂交友，不被手機綁架

詞造句、標點符號等。為了公平公正，寫作測驗的評分有相當嚴謹的標準，稱為「評分等級」，如第254頁的表3-2「寫作測驗評分規準一覽表」所示。

● **5. 傑出樣卷見賢思齊**

　　教育會考每年都會公布寫作測驗的傑出樣卷，各位可以按照前面的評分規準與樣卷說明，仔細揣摩並學習每篇佳作的寫作技巧。有興趣的人可以造訪「國中教育會考」網站，其QR Code如右。

● **6. 注意字體大小與深淺**

　　寫作測驗的評分方式是將原稿掃描進電腦後，再由評分老師閱卷，因此書寫的字體太小、顏色太淺，或是範圍超出格線外框，都可能會影響評分結果。

 寫作測驗準備策略

　　近幾年**寫作測驗得到六級分的人數，大概占所有考生的1%**。108年，六級分的人數只有1304人，創下史上最低紀錄，比例僅0.5％，所有考生的平均分數大約為四級分，零級分的人數為7543人，是107年的兩倍多。因此，**寫作測驗絕對是教育會考中決勝負的關鍵一科**。

　　1. 了解歷年寫作測驗體裁：從103年至109年，題目分別是「面對未來，我應該具備的能力」、「捨不得」、「從

▶▶ 表3-2　寫作測驗評分規準一覽表

級分	評分規準	
六級分	六級分的文章是優秀的，這種文章明顯具有下列特徵：	
	立意取材	能依據題目及主旨選取適切材料，並能進一步闡述說明，以突顯文章的主旨。
	結構組織	文章結構完整，脈絡分明，內容前後連貫。
	遣詞造句	能精確使用語詞，並有效運用各種句型使文句流暢。
	錯別字、格式與標點符號	幾乎沒有錯別字，及格式、標點符號運用上的錯誤。
五級分	五級分的文章在一般水準之上，這種文章明顯具有下列特徵：	
	立意取材	能依據題目及主旨選取適當材料，並能闡述說明主旨。
	結構組織	文章結構完整，但偶有轉折不流暢之處。
	遣詞造句	能正確使用語詞，並運用各種句型使文句通順。
	錯別字、格式與標點符號	少有錯別字，及格式、標點符號運用上的錯誤，但並不影響文意的表達。
四級分	四級分的文章已達一般水準，這種文章明顯具有下列特徵：	
	立意取材	能依據題目及主旨選取材料，尚能闡述說明主旨。
	結構組織	文章結構大致完整，但偶有不連貫、轉折不清之處。
	遣詞造句	能正確使用語詞，文意表達尚稱清楚，但有時會出現冗詞贅句；句型較無變化。
	錯別字、格式與標點符號	有一些錯別字，及格式、標點符號運用上的錯誤，但不至於造成理解上太大的困難。

三級分	三級分的文章在表達上是不充分的，這種文章明顯具有下列特徵：	
	立意取材	嘗試依據題目及主旨選取材料，但選取的材料不甚適當或發展不夠充分。
	結構組織	文章結構鬆散；或前後不連貫。
	遣詞造句	用字遣詞不太恰當，或出現錯誤；或冗詞贅句過多。
	錯別字、格式與標點符號	有一些錯別字，及格式、標點符號運用上的錯誤，以致造成理解上的困難。
二級分	二級分的文章在表達上呈現嚴重的問題，這種文章明顯具有下列特徵：	
	立意取材	雖嘗試依據題目及主旨選取材料，但所選取的材料不足，發展有限。
	結構組織	文章結構不完整；或僅有單一段落，但可區分出結構。
	遣詞造句	遣詞造句常有錯誤。
	錯別字、格式與標點符號	不太能掌握格式，不太會使用標點符號，錯別字頗多。
一級分	一級分的文章在表達上呈現極嚴重的問題，這種文章明顯具有下列特徵：	
	立意取材	僅解釋題目或說明；或雖提及文章主題，但材料過於簡略或無法選取相關材料加以發展。
	結構組織	沒有明顯的文章結構；或僅有單一段落，且不能辨認出結構。
	遣詞造句	用字遣詞極不恰當，頗多錯誤；或文句支離破碎，難以理解。
	錯別字、格式與標點符號	不能掌握格式，不會運用標點符號，錯別字極多。
零級分	使用詩歌體、完全離題、只抄寫題目或說明、空白卷。	

陌生到熟悉」、「在這樣的傳統習俗裡，我看見……」、「我們這個世代」、「青銀共居」、「我想開設一家這樣的店」。由此可知，**寫作測驗題目的內容以論說文居多**。寫作測驗的題目會伴隨內容說明，這是前導組體，也是寫作提示，讓考生不會離題。

2. 廣讀「論證說理」文章：論說文是議論文與說明文的統稱，基本上可分為兩種：議論性質的論說文、說明性質的論說文。梁啟超則將論說文分為五種：說喻、倡導、考證、批評、對辯，前三者接近說明性質的論說文，後兩者略同議論性質的論說文。考生**平時要多涉獵論說式的文章，這類型的古文佳作不少**，例如：荀況的《勸學》借譬喻闡明學習的重要，而達成勸學的主旨。

3. 蒐集分類名言佳句：面臨寫作測驗時，這一招最有效。我平常閱讀文章時，看到實用的名言佳句，會快速用手機錄音（在書局拍照不恰當），回到家裡立刻用電腦記下，並加以分類整理。此外，我會**抄寫整理自己有感覺的名言佳句，並寫下心得評論，培養對文字律動的情感與記憶**。

4. 試寫、請教、修改、補充：準備寫作測驗，**一週至少要練習一篇**。你寫完後，請作文老師或擅長作文的朋友幫忙抓錯字、改標點、修詞句，最好對你嚴格一點。最後，參考別人寫的文章，並補充資料，可以加速進步。

5. 朗誦錄音、培養語感：雖然「說」與「寫」是不同的層次，但說得出道理有助於鍛鍊寫作，因為能言善道的人通常文筆都不錯。因此，可以**找一些範文來朗誦錄音，並多聽錄音內容**，以牢記優美文句。

寫作測驗創作技巧

　　做好充分準備後，上考場就能有所發揮。寫作測驗的創作有技巧可循，考生必須把握。

　　1. 審題、破題，做好布局：「寫作重語氣」，審題時要徹底了解題目提供的線索，並巧妙安排在文章中。而且，萬事起頭難，破題特別重要，破題的格局與策略可以讓評分老師了解你的寫作功力。

　　2. 用起承轉合四段論述當架構：所謂「起、承、轉、合」，起是開頭，承是正面論述與舉例，轉是反面論證並舉例，合是前後整合、呼應主題。

　　3. 用字簡潔，字體工整：寫作測驗不是說故事，要在有限的時間與空間裡，寫出動人心弦的篇章，用字簡潔有力很重要。字體工整有加分效果，因此字要寫清楚。

　　4. 標點符號要正確，少用驚嘆號與問號：要注意標點符號的使用時機與正確性。論說文通常較少用驚嘆號與問號，因為驚嘆號讓人覺得語氣強硬，問號給人懷疑的感覺。

　　5. 記得舉例，善用譬喻：第二、三段是寫正反論證的絕佳之處，而論述要有佐證才有力量。**正反論證舉例應該分別至少有兩個，因為一個感覺薄弱，三個以上容易造成結構鬆散。而且，善用妙喻可以讓論述變得輕鬆愉快、吸引人。**

　　6. 引經據典，名言佳句：要設法在文章中運用平常蒐集的名言佳句，讓內容更有質感。不過，使用英文佳句要很有把握，否則會弄巧成拙。引經據典時，如果沒把握這是誰說的話，可以寫「古人有言」、「有人說」等。

寫作測驗現場實務

為什麼以相同題目寫作，有人用字淺顯但情感深刻，有人艱澀難懂且無病呻吟？

寫作的基本要求是行文流暢、語句優美、架構平穩，一般人不難做到，但如果要讓內容言之有物，論述具獨到觀點，就要多讀、多寫、多體會。古書有云：「涉淺水者見蝦，其頗深者察魚鱉，其尤甚者觀蛟龍。」書讀越多，見識越廣，體會越深，思想層面便與眾不同。而且，「生活處處是文章，生命時時有顏色」，用心體會才能寫得深刻有情。

最後是熟能生巧，想在短時間內完成寫作測驗，需要反覆紮實訓練，因此勤動筆是決定勝負的關鍵。希望你**可以寫出有內涵、有觀點、懂關懷、能感動的好文章。**

1. 慎選用筆讓下筆有神：準備粗細不同的筆，在考前30天的衝刺期練寫，挑選出最能寫出速度和字體的好筆。

2. 提前熱身使人筆合一：寫作測驗的時間是在教育會考第一天下午3點40分，我建議至少用10分鐘進行熱身，拿出筆紙來寫字，將筆練順，將手練熱。

3. 熟悉架構但切忌八股：雖然文筆架構要有頭有尾，包含起承轉合，比較容易讓人信服，但如果加入一些獨特想法，又不會格格不入，可視為一種創新，會有加分效果。

4. 字體清晰且大小適中：字體務必工整清晰且大小適中，最好不要超出格子，以免原稿經由電腦掃描進入螢幕時，看起來雜亂不堪，容易被扣分。

5. 針對題意言之有物：寫作千萬不能離題，因此審題

非常重要。評分老師看到許多篇作文都大同小異時，這些作文的得分一定都不高，但看到一篇言之有物、見解獨到且架構鮮明的作文，必定印象深刻而給予高分。

　　6. 字海戰術不靈也通：如果遇到不熟悉或很難發揮的題目，千萬不要空白。你仍然要先審題，抓出關鍵字，然後可以採行「字海戰術」，發揮想像力望文生義，多放入相關知識或經驗，有時能提高分數。

　　7. 層層佈局前後呼應：破題後，要像剝洋蔥一樣，逐層進入文章論述的核心，讓評分委員的視線捨不得離開你的答案卷，因為處處有驚奇，字字是珠璣。

　　8. 信達簡雅且質量並重：國學大師嚴復指出，翻譯文章有三個重要境界：「信、達、雅」，用在寫作上也很合適。不過，我認為寫作還需要「簡」，也就是用詞精簡、扼要切題。因此，**答題必須信、達、簡、雅兼備**，追求質量並重、與眾不同。

　　綜合來說，平時準備寫作測驗時，一定要為自己建立前導組體，也就是先掌握寫作的綱要架構，再漸進分化，然後統整融合，最後抒發自己的評論心得。現在，請你想像自己是評分老師，我相信你會喜歡以下的答案卷：

・字體大小適中，版面工整
・第一段就破題（引出看法）
・段落清晰有力（架構鮮明）
・文章有組織、有系統、有創見
・舉例恰當（最好讓人拍案叫絕）
・最後一段再次呼應前文（名言佳句）

別冊
超實用會考題目
詳細解析

起步

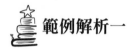 **範例解析一**

題目請見第056頁，本題答案為1.B、2.C、3.D

1. 第一段指出，鯨魚減少是捕鯨造成的問題，與b吻合。第三段指出，獵鯨是部落人民為了填飽肚子和製油點燈的生存方式，與c吻合。最後一段指出，真正問題在於捕鯨公司，所以應思考是否阻止部落人民捕鯨，與a吻合。因此選B。

2. 第一段指出，捕鯨讓鯨魚數量急遽下降，讀者應正視鯨魚的生存問題。第二段描述，捕鯨是部落人民賴以維生的方式，讀者應正視部落捕鯨文化與維生問題。由此可以推斷，作者認為部落生活方式與動物生命同等重要，因此選C。

3. 第三段指出，部落人民獵鯨是為了維生，與選項D「獵鯨活動有助於部落族人民的生活」相符，因此選D。

第一彈

主要是介紹筆記與記憶法，沒有會考歷屆試題或相關題目。

第二彈

 **範例解析2-1**

題目請見第108頁，本題答案為D

將鎂塊削成碎片會使細塊變小、總表面積（接觸面積）變大，

讓粒子間碰撞的機率變高，加快反應速率，因此選D。

範例解析2-2

題目請見第109頁，本題答案為A

葉片行光合作用時，水和二氧化碳會產生氧氣和葡萄糖，因此依據**選項A**「單位時間內產生氧氣的量」，推測光合作用速率的快慢。**選項B**錯誤，葉綠素的量不會改變。**選項C**錯誤，葡萄糖為產物，應改為「單位時間內產生葡萄糖的量」。**選項D**錯誤，二氧化碳為反應物，應改為「單位時間內消耗二氧化碳的量」。

範例解析2-3

題目請見第109頁，本題答案為A

選項A正確，食醋濃度較乙酸小，反應速率減慢。**選項B**錯誤，催化劑濃硫酸增加，反應速率變快。**選項C**錯誤，催化劑改為同濃度的醋酸，酸的解離度減少，反應速率變慢。**選項D**錯誤，溫度降低，反應速率變慢。

範例解析2-4

題目請見第110頁，本題答案為C

鹽酸為酸性溶液，因此甲、乙都是鹽酸溶液，而pH值越大表示鹽酸濃度越小，所以濃度甲大於乙。碳酸鈉溶液為鹼性溶液，因此丙、丁都是碳酸鈉溶液，而pH值越小表示碳酸鈉濃度越小，所以

濃度丁大於丙。反應物的濃度越小，反應速率越慢，因此要選乙和丙混合做反應，即選項**C**。

範例解析2-5

題目請見第111頁，本題答案為A

　　想了解粉筆的浸泡時間與斷裂難易度之間的關係，那麼在實驗中，浸泡時間必須當作操縱變因（能改變），其他因素則當作控制變因（保持不變），而最小外力代表斷裂難易度，屬於應變變因（實驗結果），因此選A。

範例解析2-6

題目請見第112頁，本題答案為B

　　硫粉燃燒會形成二氧化硫，二氧化硫溶於水中會形成亞硫酸。若相等質量的二氧化硫完全溶於水中，水體積較少的甲瓶溶液的濃度會比乙大，加上大理石丁的表面積大於丙，因此甲和丁的反應速率會最快，因此選B。

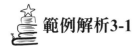 第三彈

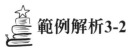 範例解析3-1

題目請見第153頁，本題答案為C

題幹內容指出，個人資料保護法中，有「當事人同意」與「用於特定目的」的規範，以保護當事人的個資。當事人若不同意，就不能使用業主的服務。這樣的規範讓業者能在取得當事人同意後，在特定目的下合法持續使用源源不絕的個資。因此選C。

範例解析3-2

題目請見第154頁，本題答案為C

‧從題幹中「藍水溪是青水溪最大的支流，它有三條支流」可知，藍水溪是在圖中丙的縱向水流，右側有三條支流。

‧**選項A錯誤**，由「另兩條支流皆發源於高土山北麓，在依蘇坪相匯」可知，甲為兩條支流的共同發源地，因此是高土山。**選項B錯誤**，由「最大支流瓦里蘭溪發源自初雲風景區」可知，乙為藍水溪最大支流瓦里蘭溪的發源地初雲風景區。**選項C正確**，由「溪水來到日月鎮光明里，匯進藍水溪」可知，丙為瓦里蘭溪匯入藍水溪之處，因此是光明里。**選項D錯誤**，丁為藍水溪匯入青水溪之處，但題幹中沒有提及其地名。

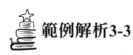

範例解析3-3

題目請見第155頁，本題答案為B

・這題出自蕭統〈陶淵明集序〉，蕭統很喜歡陶淵明的詩文，寫下這篇文章，一方面反駁其他人質疑陶淵明愛喝酒的謬論，一方面讚嘆陶淵明獨特超凡的寫作功力。

・**選項A**「亦寄酒為跡者也──有酒之處必有陶淵明蹤跡」是錯誤的，因為前一句「吾觀其意不在酒」是蕭統為陶淵明辯駁，認為他並非愛喝酒，而是以酒為線索，寫出曠達不受拘束。**選項C**「干青雲而直上──志向遠大，在仕途上也曾飛黃騰達」看似起來正確，但是錯誤，因為陶淵明是田園詩人，最著名作品為《桃花源記》，不可能在官場叱吒風雲。**選項D**錯誤，因為「尚想其德，恨不同時」的原意是，蕭統仰慕陶淵明的品德，遺憾自己不是和他生活在同一時代。因此**選項B**正確。

・依據國家教育研究院的評估，答對此題的學生能力被歸為精熟等級的機率較高。

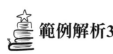

範例解析3-4

題目請見第158頁，本題答案為B

本題是王大中想邀請親朋好友參加爸爸的生日宴會。**選項A**錯誤，我們對其他人稱自己的父親為「家嚴」、母親為「家慈」，而「令尊」是尊稱別人的父親，「令堂」是尊稱別人的母親，因此不必修改。**選項B**正確，「聖誕」是紀念聖人誕生的日子，而「壽誕」是指為老人祝壽，是傳統的敬老習俗，所以要修改。**選項C**錯

誤,「桃樽」是指祝壽時的酒席,也稱為「桃觴」,而「桃符」是古人在辭舊歲、迎新年時,在桃木板上畫神像懸掛於門前,以祈福消災,因此不必修改。**選項D錯誤**,「謹稟」是對尊長的結尾敬詞,而「叩首」是伏身跪拜以頭叩地,為古代的最敬禮,因此不必修改。

範例解析3-5

題目請見第159頁,本題答案為A

・對聯所用的聲調當中,平聲是國語的一、二聲,仄聲是國語的三、四聲。對聯的原則如下:(1)由一對的語句組成上聯和下聯字數相等;(2)上下聯結構相同、詞性相當,需要把握「上仄下平」的原則;(3)上下聯平仄相反;(4)上下聯意義相關,或是相近、相似,或是相反、相對。

・從選項最後一個字來看,大、解、里都是仄聲,只有長是平聲。因此,適合置於乙聯的是選項A「清樽日月長」。

範例解析3-6

題目請見第161頁,本題答案為D

選項A錯誤,在各國小學生分得的教育經費中,雖然甲國與OECD調查平均值很接近,約5千美元,但OECD調查平均值略高於甲國。**選項B錯誤**,在各國國中生分得的教育經費中,丙國約5千美元,OECD調查平均值約7千美元。**選項C錯誤**,在各國高等教育學生分得的教育經費中,只有在乙、丁與戊是多於其他階段。**選項D**

正確，比較各國高中生分得的教育經費，丁國約分得1萬美元，其他國家都少於1萬美元。

範例解析3-7

題目請見第163頁，本題答案為D

指事與象形的區別在於事與形。有形的物用象形，例如：人、山、虎、木。無形的事（行為、屬性、狀態）用指事，例如：八、夕、末。由於末的字形不是木頭，而是木的上端表達的形態，是事而非物，因此是指事字。在這題中，除了D是指事，A、B、C都是象形。

範例解析3-8

題目請見第163頁，本題答案為D

· 篆書與隸書是後世書法運筆方式的基礎，篆書主要使用圓筆，隸書主要使用方筆。雖然隸書生於篆書，但兩者畢竟不同，篆書是古書體，而隸書為今書體的開端。

· **選項A**錯誤，篆字出現的年代較隸書早。**選項B**錯誤，篆字結構較隸書繁複。**選項C**錯誤，篆字化直為曲，隸書破圓為方。**選項D**正確，隸書較篆書簡單而便於書寫。

範例解析3-9

題目請見第165頁，本題答案為C

・從題幹內容可知，水域太清澈會缺乏營養鹽，造成植物性浮游生物與動物性浮游生物變少，連帶影響以動物性浮游生物為食的小魚生存。由此可知，若水域中的浮游生物多，魚類較容易生存，因此答案應選C。

・**選項A錯誤**，當水域混濁，營養鹽含量較多，植物性浮游生物與動物性浮游生物會變多，使得取食動物性浮游生物的小魚與取食小魚的大魚都能生存。**選項B錯誤**，當水域清澈，營養鹽含量變少，使得植物性浮游生物和動物性浮游生物減少。**選項D錯誤**，動物性浮游生物主要以植物性浮游生物維生，因此同一水域中兩者的多寡應成正比。

範例解析3-10

題目請見第166頁，本題組答案為1.B、2.C

1. **選項A錯誤**，從大事年代表可知，柏林圍牆於1989年11月9日開始拆除，德國於1990年統一，因此柏林圍牆先拆除，然後德國統一。**選項B正確**，東、西德各自建國於1949年，至德國統一為止，歷時約41年。**選項C錯誤**，蘇聯紅軍於1949年占領柏林，而柏林圍牆於1961年開始興建。**選項D錯誤**，西柏林人能造訪東德，是因為1971年美、英、法、蘇達成協議，而當時柏林圍牆尚未拆除。

2. 美國總統甘迺迪於1963年訪問西柏林（甲）。布蘭登堡門於1961年關閉（乙）。從1963年甘迺迪訪問西柏林，與1987年美國總統雷根訪問西柏林，可推知雷根當總統的時間是在1963至1987年之

間（丙）。由1987年雷根訪問西柏林，要求蘇聯領袖戈巴契夫拆掉柏林圍牆，可推知戈巴契夫下台的時間（丁）晚於1987年。所以，表中四個事件時間的發生順序為乙→甲→丙→丁，答案應選C。

 範例解析3-11

題目請見第171頁，本題答案為1.C、2.C

1. 從文章可知，它來臨時，繩上的襯衫和短褲跳舞，花草都會擺動，雲朵快速移動，樹葉掉落車頂，氣味四處飄散，由此可推測它應該是風，因此選C。

2. 根據第二段，它來臨時，爸爸的臉垮下來，衣服掉進池塘，新車頂上灑滿落葉，可得知爸爸不高興，因此選C。

 範例解析3-12

題目請見第173頁，本題答案為A

· 題幹介紹海獅與海豹的比較，評量考生能否有系統地理解與推論訊息，並掌握主旨。而且，透過將資料整理成筆記，評量考生能否釐清訊息關係，並加以統整和歸類。

· 根據題幹對這兩種動物的描述，在筆記第一欄最下方的空格中，應填入選項A「牠們如何游泳？」**選項B錯誤**，文中沒提到牠們活多久。選項C錯誤，文中沒提到牠們如何覓食。**選項D錯誤**，文中沒提到誰照顧牠們的小孩。

 範例解析3-13

題目請見第177頁，本題答案為1.A、2.C

1. 由廣告中倒數第三行「Save 10% if you buy tickets on the Internet.」可知，在網路上買票可以打9折，因此選A。

2. 由廣告中倒數第六行「Buses for both lines leave every hour from Central Station.」可知，這2條路線都是每小時自中央車站出發，因此選C。

 範例解析3-14

題目請見第180頁，本題答案為D

關鍵句在第二段第一、二句：「Then, when＇s the best time to have coffee? When the cortisol levels are going down, the report says.」喝咖啡的最佳時段是皮質醇數值下降時。題目給的曲線圖中，只有D在下降，因此選D。

 範例解析3-15

題目請見第182頁，本題答案為B

第三段第一、二句指出：「For animals, shaking is not just about getting themselves dry. It is also about saving their lives.」「Being wet makes animals heavier, and that makes it harder to run.」甩水的動作不僅可以讓動物身體變乾燥，更與拯救牠們的性命相關，因為身體濕漉漉會變得笨重而跑得慢），因此選B。

範例解析3-16

題目請見第193頁，本題答案為D

由題意並如右圖假設，列式如下：

$\Rightarrow \begin{cases} 4x+y=23 \\ 10x+y=56 \end{cases} \Rightarrow 6x=33,\ x=5.5$

$\Rightarrow 4\times5.5+y=23,\ y=1$

∴所求＝x＋y＝5.5＋1＝6.5，因此選D

 ### 範例解析3-17

題目請見第194頁，本題答案為 B

由題意得知：

每公克咖啡豆的價錢為（295＋5）÷250＝$\frac{300}{250}$

∴y與x的關係式為$y=\frac{300}{250}x$，因此選B

範例解析3-18

題目請見第196頁，本題答案為D

設阿慧購買桂圓蛋糕x盒、金棗蛋糕（10－x）盒

則 $\begin{cases} 350x+200（10-x）\leq 2500 \\ 12x+6（10-x）\geq 75 \end{cases}$

$\Rightarrow \begin{cases} 350x+2000-200x \leq 2500 \\ 12x+60-6x \geq 75 \end{cases}$

$\Rightarrow \begin{cases} 150x \leq 500 \\ 6x \geq 15 \end{cases}$

$$\Rightarrow \begin{cases} x \leq \dfrac{500}{150} = \dfrac{10}{3} = 3\dfrac{1}{3} \\ x \geq \dfrac{15}{6} = \dfrac{5}{2} = 2\dfrac{1}{2} \end{cases}$$

$$\Rightarrow 2\dfrac{1}{2} \leq x \leq 3\dfrac{1}{3}$$

$$\Rightarrow x = 3$$

∴所求 $= 350x + 200（10 - x）$

$\qquad = 350 \times 3 + 200 \times 7$

$\qquad = 1050 + 1400$

$\qquad = 2450（元）$，因此選D

 ## 範例解析3-19

題目請見第197頁，本題答案為A

∵B餐和C餐都附飲料，且共點了x杯飲料

∴B餐和C餐總共x份

$\Rightarrow A$餐共（$10 - x$）份，因此選A

 ## 範例解析3-20

題目請見第199頁，本題答案為A

105年約$1200 + 1000 = 2200$

106年約$2400 + 2000 = 4400$

107年約$2000 + 3200 = 5200$

$2200 < 4400 < 5200$，因此選A

範例解析3-21

題目請見第200頁，本題答案為B

從21號車廂轉到36號車廂，

共轉了36－21＝15（個車廂），

再轉到9號車廂，共要轉9＋15＝24（個車廂），

每轉一個車廂需要 $\frac{30}{36}$（分鐘）。

∴所求＝ $\frac{30}{36} \times 24 = 20$（分鐘），因此選B

 範例解析3-22

題目請見第202頁，本題答案為B

這是國文跨數學題。許行、慎到、公孫龍、申不害、孔丘、李耳、惠施、楊朱、墨翟9人當中，慎到、申不害屬於法家，公孫龍、惠施屬於名家，李耳、楊朱屬於道家。因此，實際坐法為6種，另同家兩人有2種坐法，因此答案為B。

 範例解析3-23

題目請見第205頁，本題答案為1.120°

2.（540＋4π－12$\sqrt{3}$）平方公分

1. 如右圖

∵∠APF＝60°，

∴∠AO₁F＝180°－60°＝120°

2.連接 $\overline{PQ_l}$

$\Rightarrow \angle APO_l = 60 \div 2 = 30°$

　　　　$\overline{AO_l} = 2 \Rightarrow \overline{AP} = 2\sqrt{3}$

兩個反光物件組合時的重疊面積

＝扇形 O_lAF 面積＋四邊形 $APFO_l$ 面積

$= \pi \times 2^2 \times \dfrac{240}{360} + 2 \times 2\sqrt{3} = \dfrac{8}{3}\pi + 4\sqrt{3}$

一個反光物件的面積＝$4 \times 45 + \pi \times 2^2 = 180 + 4\pi$

因此，所求面積＝$3 \times (180 + 4\pi) - 3 \times (\dfrac{8}{3}\pi + 4\sqrt{3})$

　　　　　　　　$= 540 + 12\pi - 8\pi - 12\sqrt{3}$

　　　　　　　　$= 540 + 4\pi - 12\sqrt{3}$

 範例解析3-24

題目請見第206頁，本題答案為1.100公分、2.330公分

1. 設敏敏的影長為x公分

　作圖如右，根據相似三角形性質得：

$\dfrac{90}{150} = \dfrac{60}{x}$

$\Rightarrow 90x = 9000，x = 100$

2. 作圖如下，根據相似三角形性質得：

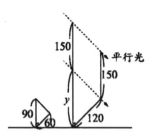

$$\frac{90}{y} = \frac{60}{120}$$

$$\Rightarrow 60y = 10800，y = 180$$

∴高圓柱的高度為$150 + y = 150 + 180 = 330$（公分）

 範例解析3-25

題目請見第210頁，本題答案為 C

這題的最重要訊息是雪山山脈，它是台灣最北方的山脈，呈東北—西南走向，可知答案可能是台灣北部的縣市。雪山山脈東側有蘭陽平原（宜蘭平原）分布，蘭陽平原南緣山地是中央山脈北端的起點，且東側沿海有沙丘分布，因此選C。

 範例解析3-26

題目請見第210頁，本題答案為 C

這題符合地理科學習內容「漠南非洲的文化特色與影響」。在漠南非洲，民族和語言眾多，宗教信仰分歧，從1948年至1991年實行的南非種族隔離，帶給有色人種許多不公平待遇。

範例解析3-27

題目請見第211頁，本題答案為 B

　　這題符合公民科學習內容「科技發展如何改變我們的日常生活？」可以應用社會領域知識，解析生活經驗或社會現象。**選項A**錯誤，實體信件少，轉而以數位信件溝通，很難說明人際疏離感增加。**選項C錯誤**，實體信件變少，郵局勞動需求降低。**選項D錯誤**，通訊自由不因為實體信件減少而降低。因此，應選B。

範例解析3-28

題目請見第213頁，本題答案為A

　　·當強烈大陸冷氣團南下，台灣的天氣通常由北往南逐漸轉涼，氣溫會急速下降，且南北溫差大。

　　·**選項A**正確，當時氣溫特徵為緯度越高，氣溫越低，且南北溫差大，屏東32℃、新北12℃，推判應是受到大陸冷氣團逐漸南下影響。**選項B錯誤**，若蒸發作用旺盛，水份會喪失得很快，尤其遇到富含水氣的西南氣流，受到地面加熱與山區地形抬升，熱對流旺盛則易形成積雨雲，造成下大雨。**選項C錯誤**，低氣壓經常造成降雨，因為低氣壓的熱空氣密度小而上升，空氣中的水蒸氣升到高處後，變冷凝結為水滴，落下成雨。熱帶性低氣壓逐漸增強後，容易發展成颱風。**選項D錯誤**，滯留鋒是指當冷、暖氣團勢力相當，鋒面可能來回移動，甚至停滯在原地。滯留鋒經常帶來長時間不穩定天氣，造成大範圍持續劇烈降雨。

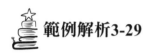 **範例解析3-29**

題目請見第214頁，本題答案為B

在這題中，毛利就是利潤，營收是銷貨收入，成本是生產成本，利潤=銷貨收入－生產成本。題幹中提及「成本中少列入一筆設備租金費用」，顯然成本增加了。在甲的銷貨收入不變的情況下，乙的利潤會下降。所以答案為B。

 範例解析3-30

題目請見第216頁，本題答案為A

．考生必須知道狄亞士首度發現非洲南端的好望角，而且對世界地圖有概念，分析出非洲南端的經度位於印度與歐洲之間，也就是約10至40°E，標示在本初經線（東、西經0°）以東的甲處。因此選擇A。

 範例解析3-31

題目請見第218頁，本題答案為 D

這題符合公民科學習內容「如何透過誘因影響學生的行為？」可以應用社會領域內容與圖表判斷知識，解析生活經驗或社會現象。這題是評量考生能否從社會現象，了解影響消費的不同誘因。

．**選項A錯誤**，6月為一年中機票第二貴的月份，不可能供過於求。**選項B錯誤**，12月是一年中機票第二便宜的月份，但不至於供不應求。**選項C錯誤**，通常出國人數越高，機票越貴，應該6、7

月才是高峰。**選項D錯誤**，7月出國潮是因為暑假時間長。

範例解析3-32

題目請見第219頁，本題答案為 1.A、2.B、3.D

　　這個題組融入十二年國教課綱「環境教育」議題，讓學生理解人類生存發展所面對的環境危機。

　　1. 這題符合地理科學習內容「台灣主要地形的分布與特色」，可以說明重要地理現象分布特性的成因。圖（二十八）的土壤液化潛勢區位在台南，屬於嘉南平原區，因此選A。

　　2. 這題藉由古今地圖的對照，解析環境變遷。從日治時期至今，隨著漢人拓墾範圍擴大，台灣內部平原逐漸發展，聚落範圍逐漸擴大，因此選B。

　　3. 這題從不同時代的地圖和影像，理解土壤液化發生的機制，歸納出最可能造成該區域土壤液化的原因。圖（二十九）的甲區位在圖（三十）的大片水域區，可見得甲可能經由填土而來，因此選D。這題融入十二年國教課綱「防災教育」議題。

範例解析3-33

題目請見第220頁，本題答案為 1.A 2.D 3.D

　　1. 水壩蓄水會對上游環境造成衝擊，因為建壩會在河流上游形成水庫。水庫的水會向周邊擴散，淹沒原有的棲息地，因此選A。這題融入十二年國教課綱「環境教育」議題。

　　2. 這題符合歷史科「伊斯蘭教的起源與發展」，自1980年埃及

憲法第二條修正以來，伊斯蘭教成為埃及國教。有一種說法是，沙烏地阿拉伯的麥加是伊斯蘭教的心臟，而埃及是伊斯蘭教的腦袋。因此選D。

3. 丁、戊、己都是宗教遺跡與聖地，可見得埃及對世界宗教史貢獻卓著，因此選D。這題符合地理科「伊斯蘭文化的發展與特色」，可融入十二年國教課綱「國際教育」議題。

 例解析3-34

題目請見第222頁，本題答案為A

選項A正確，題幹的表格資料顯示，在6次選舉中，總人數增加幅度不大，但具投票權人數比例（20歲以上的人口）從67.16%增加至79.98%，由此可推判20歲以下人口比例逐年降低，人口結構有少子化現象。**選項B**錯誤，6次選舉的投票率呈現高低不同的變化，無法推判出政治參與意願是否逐年上升。**選項C**錯誤，自然增加率就是出生率減死亡率，而社會增加率是人口因移入或移出的增減率，從表格資料無法推判自然增加率大於社會增加率。**選項D**錯誤，表格中沒有政黨輪替的相關資料。

 範例解析3-35

題目請見第223頁，本題答案為C

時事試題的考點不複雜，但考生要在思考上多轉幾次彎、多連幾個點，而且要進行跨時代、跨空間的知識整合。答題方向有二：一是德英交戰、日德義同盟及納粹德國國防軍，可知此地受德、

義、日的統治；二是慶祝滿洲建國10週年，顯見為日本官方，可判斷此時為1942年，是第二次世界大戰期間。當時台北剛好是日治時期，因此僅有C符合。

範例解析3-36

題目請見第229頁，本題答案為A

從座位右側窗外為東方，得知飛機航行的方向為北方。而且當天滿月，月亮剛升起（從海面上冒出）的時間是傍晚，因此選A。

範例解析3-37

題目請見第230頁，本題答案為1.C、2.C

這個題組呼應了十二年國教課綱的「環境教育議題──災害防救」，評量考生能否理解題幹提供的資訊，解讀颱風潛勢圖的意涵。

1. 題幹中「黑色線條所圈出的涵蓋範圍逐漸變大」的資訊，代表預測日期離當下時間越遠，颱風移動路徑的預測範圍就會變大。因此選C。

2. 解讀潛勢圖中的颱風動態，不論颱風速度、暴風圈，或是登陸鹿兒島的時間，都只是預測，唯一能確定的是颱風中心往日本的鹿兒島移動，因此9月14日至18日間登陸台灣本島的機率很低。所以選C。

國中生子彈筆記考試法

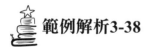

範例解析3-38

題目請見第232頁，本題答案為1.C、2.A、3.C

1. 蝶豆花原汁、檸檬汁、果糖糖漿的pH值分別為6.5、2.2、7，而pH值越大，[H+]越小，[OH－]越大，因此檸檬汁的[OH－]比蝶豆花原汁的[OH－]小。所以選C。

2. 蝶豆花原汁為藍色，加入檸檬汁後，pH立刻降低至3左右，因此甲至乙的顏色由藍色變成紅紫色。所以選A。

3. 蝶豆花原汁pH值6.5為藍色，碰到不同[H+]的液體，會呈現不同顏色。因此，要取代蝶豆花完成類似實驗，應該擁有上述的性質。所以選C。

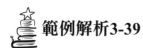

範例解析3-39

題目請見第236頁，本題答案為B

・由敵避的熔點－45℃、沸點290℃，可以判斷敵避在常溫25℃時為液態，並且畫圖如下：（熔點以下是固態，沸點以上是氣態）

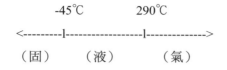

・聚合物的分子量通常非常大，是由很多小分子重複連結而成的巨分子，含有數千至數十萬個原子。一個敵避分子只含有31個原子，屬於化合物，因此選B。

範例解析3-40

題目請見第239頁，本題答案為D

選項**A**錯誤，在製作綠茶的過程中，酵素X在步驟I時失去活性，因為超過70℃後，綠茶中的酵素X沒活性，而紅茶低於70℃有活性，所以步驟I結束時，綠茶＜紅茶。選項**B**錯誤，因為酵素X經過高溫而沒活性後，即使低溫也無法恢復，所以步驟II結束時，綠茶＜紅茶。選項**C**錯誤，因為超過70℃後，綠茶和紅茶都沒有活性，所以步驟III結束時，綠茶＝紅茶。選項**D**正確，因為之前都超過70℃，都沒有活性，所以步驟IV結束時，綠茶＝紅茶。

範例解析3-41

題目請見第240頁，本題的答案為B

‧搬運作用（transportation）是河流把較大碎塊以躍移形式搬運，或是這類碎塊偶爾被水流從河床捲起，而巨石及其他笨重的東西，則以推移（traction）形式搬運。而且，河流流量大或流速越快，搬運物顆粒越大，但搬運量較少。搬運距離越遠，被搬運的石頭越容易磨圓、磨平。

‧在河流下游，因為搬運距離較長，石頭在搬運過程中互相碰撞、摩擦，於是顆粒變小且更圓潤光滑。因此選B。

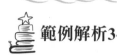 **範例解析3-42**

題目請見第242頁，本題答案為1.D、2.C

1. NaOH的分子量＝23＋16＋1＝40，因此16g的NaOH莫耳數＝$\dfrac{質量}{分子量}=\dfrac{16}{40}=0.4$（莫耳）。

原本要配製的NaOH溶液100毫升（ml），體積莫耳濃度＝$\dfrac{溶質莫耳數}{溶液體積}=\dfrac{0.4（莫耳）}{0.1（公升）}=4.0$（M），但是量體積的燒杯刻度不準，由步驟五重新用量筒測量可知，實際配製出的溶液體積僅有95ml，則體積莫耳濃度會大於4.0M，因此選D。

2. 由步驟一和步驟四的磅秤讀數，可知溶液質量＝155－45＝110（g）。由步驟五量筒測得溶液體積＝95（cm^3）。因此，密度＝$\dfrac{質量}{體積}=\dfrac{110}{95}≒1.16$（g/cm^3）。

範例解析3-43

題目請見第244頁，本題答案為C

· 探究能力是確定問題、描述假說、設計實驗、蒐集數據、做出結論等一系列的過程。它能注意到不明顯的特點，並與過去經驗中的某些知識聯繫起來思索，以探究其規律。

· 這題考驗探究能力，評量考生能否從複雜資料理出頭緒、找出規律。**選項A錯誤**，不管外界氣溫與溼度如何變化，體感溫度都可能低於或等於當時氣溫。**選項B錯誤**，當溼度為100％，包含了四個不同酷熱指數等級。**選項C正確**，當氣溫為30℃且溼度超過45％時，體感溫度會比30℃的氣溫高。**選項D錯誤**，從顏色來看，不論溼度為何，31℃的酷熱指數至多只會達到危險等級。

後記

寫給準備大考的主角們

未來的世界需要跨領域整合與創新的人才
未來的會考首重跨領域解題與答題的能力

本書以國中升高中的教育會考為主軸,寫給準備大考的主角,包括學生、家長、學校和補習班老師、關心大考的所有人,還有跟我一樣的學校校長。

近年的教育會考題型比往年活潑多樣,與生活情境產生更多連結,甚至出現跨科目、跨領域的知識整合。希望讓學生逐步理解,要從單一科目學習轉換到主題式跨領域學習,培養解決未來問題的應用能力。這樣的改變無非是順應世界潮流,並試圖無縫接軌108新課綱素養導向命題策略。

以108年教育會考為例,國語文寫作測驗考「青銀共居,好家哉?」的議題,這與台灣高齡化社會有關。社會科出現性別平等的考題,自然科考工廠爆炸案,國文科考壽誕請束,數學科考防曬係數SPF的計算。

這樣的命題趨勢顯示出未來教育會考的考題方向:

1.取樣周遭生活環境:各科考題命題趨向與生活連結,引導學生從關注自己、周遭,到關心社會、國家,以呼應新課綱「自發、互動、共好」的核心理念。例如:106至108年

教育會考社會科，許多題目關於台灣如何面對國際趨勢的角色轉換，目的在培養關心社會現象、國家時事的公民。

2.素養導向命題原則：這樣的趨勢有著一貫性，不僅出現在教育會考，也出現在大學學力測驗。例如：106至108年學測自然科有許多素養導向題型，除了注重概念的理解，也重視實驗數據的統整，測驗學生的科學探究與素養能力。

3.重視圖表資料判斷：學生必須充分理解基本觀念，運用圖表判斷答案，要學會以邏輯推理而不是靠記憶來解題。例如：106至108年教育會考各科都有圖表題，覆蓋率為百分百，自然科與社會科的圖表題比例更高達四分之三。

4.跨科跨域知識整合：各科考題取向將越來越活潑且生活化，學生必須適應跨科目、跨領域、跨古今、跨文白的考題形式。例如：106至108年教育會考國文科考題，不僅要考生跨領域閱讀文章，還要跨媒介串聯文意，而傳統重視形、音、義的國文課根本無法培養這些能力。

5.考驗閱讀理解能力：教育會考與學測考題的文字量有越來越多的趨勢，考驗學生能否從文章中找到脈絡與線索，進行推論並回答問題。例如：107年學測試題中，自然科有文言文入題，國文科出現桌遊相關題目，甚至整份國文科考卷的字數超過11,000字，而且各科都有不少長文敘述題，因此考生的閱讀理解能力變得更重要。

　　大學學測的考試時間大約在1月中，距離教育會考有四個月。建議國中生參考當年度的學測考題，可以嗅出教育會考方向。在時事題方面，出題老師往往英雄所見略同。

　　適用108課綱的第一屆學生是108年入學的國一新生，將

在民國111年參加教育會考。許多家長與學生非常關心未來的教育會考題型。國家教育研究院感受到，考題的改變必定影響老師對教材的取捨與授課方式，甚至連評量方式都將產生變化，於是在108年特別推出各科參考試題範例。

　　因此，111年要參加教育會考的國二、國三學生，雖然用的是九年一貫的舊課綱，但千萬不能以過去的觀念準備考試，而應該採取以下的方式：

1. 多思考，將各科重要概念與生活連結在一起。

2. 突破自身盲點，徹底弄懂迷思與模糊概念。

3. 整合跨科目、跨領域的相關知識。

4. 熟練解題與答題技巧。

　　如此一來，才能夠在教育會考的現場，發揮平日準備的水準，過五關斬六將，進入心目中的理想學校。

　　本書第三彈以分科的方式，探討108課綱的素養導向命題與答題秘招，並用歷屆教育會考題目和108課綱參考試題做為範例，進行詳細解說。

　　所謂「知己知彼，百戰百勝」，這些考題與範例可以讓國一學生大致了解教育會考素養命題的題型與考法，讓國二、國三學生在準備會考的過程中，更清楚未來考題的走向。而且，家長能清楚了解108課綱與未來教育會考的走向，老師可以將這些考題與範例做為學習策略的補充教材。

　　未來如果機緣成熟，我打算寫一本針對大學學測、統測與指考的命題方向與答題秘招的專書，以響應高中生的讀者，請大家密切期待！

國家圖書館出版品預行編目(CIP)資料

國中生子彈筆記考試法：學霸校長教你只要 100 天，讓各科滿分的 K 書技巧！/
謝龍卿著. -- 二版. -- 新北市：大樂文化有限公司，2023.07
288面；14.8×21公分. --（Power；031）

ISBN 978-626-7148-68-6（平裝）
1. 筆記法　2. 讀書法
019.2　　　　　　　　　　　　　　　　　　　　112009081

Power 031

國中生子彈筆記考試法（暢銷紀念版）
學霸校長教你只要 100 天，讓各科滿分的 K 書技巧！
（原書名：國中生子彈筆記考試法）

作　　者／謝龍卿
封面設計／蕭壽佳
內頁排版／思　思
責任編輯／蔡和祥、張巧臻
主　　編／皮海屏
發行專員／張紜蓁
發行主任／鄭羽希
財務經理／陳碧蘭
發行經理／高世權
總編輯、總經理／蔡連壽
出 版 者／大樂文化有限公司
　　　　　地址：新北市板橋區文化路一段268號18樓之1
　　　　　電話：(02)2258-3656
　　　　　傳真：(02)2258-3660
　　　　　詢問購書相關資訊請洽：(02) 2258-3656
　　　　　郵政劃撥帳號／50211045　戶名／大樂文化有限公司

香港發行／豐達出版發行有限公司
　　　　　地址：香港柴灣永泰道70號柴灣工業城2期1805室
　　　　　電話：852-2172 6513　傳真：852-2172 4355

法律顧問／第一國際法律事務所余淑杏律師
印　　刷／韋懋實業有限公司

出版日期／2020年 11月 23日第一版
　　　　　2023年 07月 13日暢銷紀念版
定　　價／320元（缺頁或損毀，請寄回更換）
ＩＳＢＮ／978-626-7148-68-6